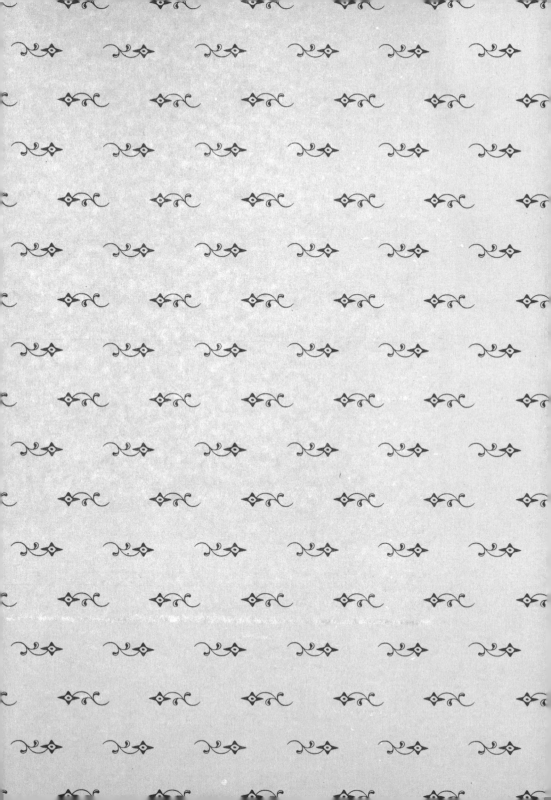

# 瞭解你二歲的孩子

蘇珊‧雷德 著
(Susan Reid)

黃意舒、邢水泉 譯

三民書局

國家圖書館出版品預行編目資料

瞭解你二歲的孩子 ／ 蘇珊・雷德（
Susan Reid)著；黃意舒，邢水泉
譯.--初版.--臺北市：三民，民85
面；　　公分
譯自：Understanding　your　2
year old
參考書目：面
ISBN 957-14-2431-5（平裝）

1.兒童心理學

173.12　　　　　　　　　85003074

國際網路位址　http://sanmin.com.tw

© 瞭解你二歲的孩子

| | |
|---|---|
| 著作人 | 蘇珊・雷德 (Susan Reid) |
| 譯　者 | 黃意舒　邢水泉 |
| 發行人 | 劉振強 |
| 著作財產權人 | 三民書局股份有限公司<br>臺北市復興北路三八六號 |
| 發行所 | 三民書局股份有限公司<br>地　址／臺北市復興北路三八六號<br>郵　撥／○○○九九八——五號 |
| 印刷所 | 三民書局股份有限公司 |
| 門市部 | 復北店／臺北市復興北路三八六號<br>重南店／臺北市重慶南路一段六十一號 |
| 初　版 | 中華民國八十五年九月 |

編　號　S 52071

基本定價　肆元肆角

行政院新聞局登記證局版臺業字第○二○○號

有著作權・不准侵害

ISBN 957-14-2431-5（平裝）

# 盧序 —— 愛他・請認識他

　　淘氣「阿丹」上學的第一天，帶了個「阿丹塑像」及「錄音機」到教室上課。

　　原班老師久聞「阿丹」盛名，第一天上課就請病假，由代課老師上課。代課老師問阿丹怎麼才剛上課就「不安於室」的搬出「塑像」和「錄音機」。阿丹指著阿丹塑像說：「『他』是來代替我上課的，你瞧！他最乖了，不吵也不鬧！錄音機是用來錄音你講的課，因為我媽媽說你講的每一句話我都要記住。有了這些道具，我是不是就

可以出去玩了呢?」代課老師說:「你簡直亂來,怎麼可以找人代替上課呢?」阿丹理直氣壯的說:「可以有『代課老師』, 為什麼不可以有『代課學生』呢?」

　　這個個案裡說明了當今教養與教育上的諸多問題, 如果父母與老師瞭解孩子的發展與需求, 也許「暴走族」的孩子就不會產生了。為了讓2000年的臺灣孩子有更生動活潑, 以及更人性化的學習環境, 上至教育部、教改會, 下至民間各個團體紛紛卯足熱勁, 扮起教育改革的「拼命三郎」。在參與及推動教育改革的過程中, 我和一起工作的老師、父母們有快樂歡愉的經驗, 但也有黯然神傷的時候, 最重要的原因在於成人往往忽略孩子各個階段的發展與個別差異的需求, 這也正是現今「教育鬆綁」窒礙難行之處, 真愛孩子就必

須為孩子量身訂做適合孩子成長的學習環境。

　　三民書局為使父母與老師對孩子的發展能更瞭解與認識，同時對孩子的各種疑難雜症，能有「絕招」以對，將採由E. 奧斯朋(E. Osborne)主編「瞭解你的孩子」(*Understanding Your Child*)系列叢書，聘請學理與實務經驗俱豐的專家譯成中文以饗讀者。希望藉此，讓父母與教師在面對各個不同的個案時，能迎刃而解。同時在「琢磨」孩子的過程中，也能關照孩子的「本來」。

　　從初生到二十歲這一成長階段的關注與指南，在國內的出版品中仍屬少見。除了謝謝三民書局劉振強董事長及編輯同仁的智慧與愛心外，更盼你從這些「珍本」中，細體孩子追趕跑跳碰的童年，以及狂狷青少年的生理與心理上的種種變化與特徵。

愛孩子是要學習的，讓我們從認識孩子的發展與需要著手，然後真正的「因材施教」，使每個孩子健健康康、快快樂樂的成長與學習。

盧美貴
於臺北市立師範學院

民國85年8月1日

# 診所簡介

　　泰佛斯多診所 (The Tavistock Clinic)，1920年成立於倫敦，以因應生活遭遇到第一次世界大戰破壞之人們的需要。今天，儘管人與時代都已改變了，但診所仍致力於瞭解人們的需要。除了協助成年人和青少年之外，目前泰佛斯多診所還擁有一個大的部門服務兒童和家庭。該部門對各年齡層的孩子有廣泛的經驗，也幫助那些對養育孩子這件挑戰性工作感到挫折的父母。他們堅決表示成人要盡早介入孩子在其成長過程中所可能

出現的不可避免的問題；並且堅信如果能防患於未然，父母是幫助孩子解決這些問題的最佳人選。

　　因此，診所的專業人員很樂意提供這一套描述孩子成長過程的叢書，幫助父母們認識孩子成長過程中的煩惱，並提供建議以幫助父母思考其子女的成長。

# 著者

蘇珊·雷德 (Susan Reid) 在離開雪菲爾德大學之後任教職。1970年，她在泰佛斯多診所接受兒童心理治療師的培訓，之後一直留在診所工作。她以兒童家庭部為基地，將時間及精力投注於臨床治療、醫學研究及培訓兒童心理治療師的工作。她曾在歐洲及美國演講。她的論著包括1987年發表的《美感在精神分析經驗中的重要性》(*The Importance of Beauty in the Psychoanalytical Experience*)一文。

蘇珊・雷德已婚並有兩個十多歲的孩子。她最近又有了一個孩子。

# 目錄

# 前言

　　從出生至二歲大，是人一生中變化和發展最

令人驚奇的一段時間。從一個完全依賴父母的嬰

兒，變成能走、能說、能跑、能玩、能想、能推理，且任性的二歲孩子，其變化之大使作父母的我們難以想像。二至三歲的孩子已能做許多成年人能做的事情，以致於我們容易對他們產生期望，而很不合理地把他們看成小大人！

日後我們再次看到孩子二歲時的照片或錄影帶，我們會感到很震驚。回想當年他們幼小的樣子（實在比嬰兒大不了多少），再回想我們對他們所抱的期望，怎麼會不震驚呢！

當孩子二歲時，我們會驚奇的發現，如今與我們朝夕相處的孩子已經從嬰兒長成為小大人了。他們的長相也愈來愈像我們。二歲的孩子能夠日益流利的說話、交談、發表意見、無休止地提問題、爭辯和回答，並且試圖獨立。

二歲孩子總在提問題，這並非壞現象。當我

們努力瞭解他們所做事情的意義並對我們自己的回答產生質疑，我們會發現撫養一個二歲孩子是值得的。

二至三歲孩子獨立的企圖心也會令我們困惑。如果我們一直過高地評價他們的能力，孩子就會起勁地做同樣的事情。當一個孩子看上去能夠做很多事情時，我們常會忘記他們對這個世界仍然知之甚少。遭遇壓力時，二歲孩子很快就會退化為一個仍需要「臍帶」的嬰兒——需要與媽媽親密依附。

與二歲的孩子一起生活，對父母來說是樂趣無窮的，因為孩子可以幫助父母發現世界的神秘與美麗。這是一個美麗且令人激動、沮喪、迷惑、困惑、驚恐的地方。二歲孩子對世界的觀察往往是可愛而又引人發噱，也常常啟發我們用一種全

新的方式看待熟悉的事情。

與嬰兒前兩年完全依賴父母的生活相比，有些父母更喜愛孩子這個階段的生活，因為父母終於可以鬆一口氣，相信孩子已經「存活了」（即使孩子非常健康，父母仍不免擔心孩子能否存活）。孩子身上不斷發展的獨立性使父母逐漸放心，而他們身上與日俱增且時刻有所表現的能力，也使父母恢復信心。父母發現，通過語言與孩子進行溝通、交談也愈加容易了。

另一些父母卻想知道，他們可愛的、依賴大人的小嬰兒怎麼會無影無蹤了。他們喜歡孩子時刻需要他們。二歲孩子為獨立所作的努力令他們惱火，他們覺得孩子開始「反對父親和母親」了。

大多數父母很可能介於兩者之間。極少數的父母有時可能感到不愉快並對別人發火。如果父

母與嬰兒在一開始時相處得不大好，那麼這個階段的生活也許是他們第二次的機會。

本書不想提任何建議而只想幫助父母仔細考慮大多數二歲孩子父母可能遭遇的情況，以使他們到時可以找到一個有效的解決辦法。因此，每章節都會列舉一些二歲孩子和他們家庭生活的例子。希望父母在閱讀之後，能從中發現另外一種觀察孩子的觀點。

二歲的孩子都不相同但卻相似。如果他們的需要是完全一樣的，那麼撫養孩子將是一件很容易的事——我們只需遵從同一個處方就行了。本書的例子說明了不同孩子對特定情況的不同反應。你也許對其中一些情況相當熟悉，對有些卻很陌生。本書的例子取自不同的家庭、社會階層、種族及團體，雖然這些差異有其重要性並且提供

了潛在豐富的資料，但是本書的重點是提出二歲孩子對環境經驗的共同點，這有可能幫助他們成為快樂和自信的人。

同一個孩子在二歲零一個月及在二歲零十一個月時也是很不同的。每個孩子都有自己獨特的個性及成長速度，即使同卵雙胞胎也有不同的個性。一些孩子剛滿二歲就能流利的說話，另一些則快到三歲時才能如此。說話流利的孩子不一定同樣靈敏、強壯。當然，所有父母似乎都聽說有的二歲孩子會處理許多事情，因而引起其他父母的注意及競爭意識！如果你剛有第一個孩子，那麼就值得去瞭解：孩子在二歲、二歲半還是在快三歲時才能流利說話並不重要，事實上父母日後往往記不清這個時間了；只有當孩子在各方面都落於人後，且不喜歡與任何人接觸，那麼父母應

該開始注意，並且需要請教專家了。

　　因此，本書並非介紹如何照顧孩子，而是向父母介紹二歲孩子的心理和個性是如何成長的、他們如何瞭解周遭的世界、父母如何加強孩子這方面的能力。我們希望能把父母帶回到二歲孩子所生活的世界之中。一旦父母重新發現那個已離開很久的世界，他們就能像二歲的孩子一樣看待世界，這樣，才能幫助成年人記住二歲孩子正處於嬰兒期與童年期的交界點，從而增加溝通的潛力及家庭的和睦。

　　孩子從出生至二歲會發生如此多的事情，以至於我們經常感到自己好像已經與孩子共度了一生——這種感覺從某種意義上說是真的。早期生活為未來的所有發展提供重要基礎。

　　擁有一個二歲孩子是件快樂的事情，也是一

件非常困難的工作。本書的另一個目的是幫助父母區分什麼是可實現的及什麼是「理想」的。如果我們能為自己設定可行的目標，那麼我們更有可能覺得為人父母是件快樂的事情。如果我們能寬容而理智的對待自己，那麼也就更有機會為我們二歲的孩子制訂可行的目標。當我們過於疲勞、需要休息時，我們也要好好照顧自己。因此，制訂可行的目標是很重要的：比如不帶二歲孩子而自己單獨逛商店使我們覺得像在放假。而像晚上外出這類活動雖然不容易安排，不過也不是大問題。但重要的是要經常抽空安排，只要外出時間不太長，大人可藉此恢復一下精力。

恢復元氣的父母能更周全的照顧孩子，而且明白自己才是真正的大人。雖然二歲孩子常為自己的力量而興奮，不過我們仍需留意他們，因為

他們在身體及感情上都容易因求之過急而陷入危險境地。我們要會判斷，二歲孩子何時又暫時退化成一個依賴、黏人的嬰兒。當然，通過父母的幫助，他們會重新準備再次探索這個世界。

# 第一章

# 瞭解你的孩子

# 愛你所擁有的孩子

　　想要男孩的父母可能生女孩，而想要女孩的父母卻可能生男孩。我們無法選擇孩子的性別。同樣，孩子的個性與我們是否投合也是靠運氣。不同的人對同

一個孩子的看法也是不一樣的：同一個孩子在某個家庭看來是充滿活力的，而在另一個家庭看來卻是過於好動。孩子二歲時，大多數父母已克服了所有的失望情緒並已習慣與孩子一起生活所帶來的快樂及痛苦。現在，父母很瞭解二歲孩子的特點，他們隨和、友好、害羞、緊張不安、難以取悅、非常敏感等等。重要的是，父母是否願意承受神秘與興奮，讓孩子隨心所欲的發展，並為此提供有益的、可接受的、持久的環境。有時造化捉弄人，使得婚姻並不和諧；但也有些最成功的婚姻卻集合了許多不利的因素。

以貝琪(Becky)為例，她二歲時就明顯是個十分女性化的小女孩，母親暱稱她為「教科書上的女孩」。雖然她長得與父母有點像，不過實際上並不太一樣。貝琪長得幼小、嬌美且動作優雅，她非常討厭粗魯的遊戲，只喜歡做那些要求注意力相當集中、安靜的事情。

她也很有主見，很快便討厭穿長褲而偏愛穿洋裝，且喜歡戴一副鐲子或提一只小手提包。她的母親安娜(Anna)卻喜歡穿長褲，事實上沒有人見過她穿裙子。而且，她喜愛運動、活潑、身體健壯，所以在她身上英姿煥發勝於優雅可愛。她也是個堅定的女性主義者。開始時，安娜對十分女性化的小女兒感到驚訝，她說女兒一點也不像自己。不過，安娜是個熱情、幽默的人，不久就開始發現貝琪也有與自己一樣的堅強意志及決心。之後，她不僅為貝琪自豪，而且也感到她是個可愛、有趣的小女孩。安娜尊重女兒性格中堅強的一面，因為它們使貝琪成為一個獨特的「具有自我特質的女人」。安娜原先的擔憂也消除了。她曾認為「女性化」自然意謂著溫順和服從，貝琪的行為明白地證明兩者並不一樣。因此到二歲半時，貝琪大部分時間穿著洋裝，並有各式各樣的手提包，而其他的小女孩待在家

裡的時候則大多穿著長褲。

# 艱難的生活開端

克勞迪婭(Claudia)是個早產且難產的嬰兒。剛出生時，她不斷啼哭且經常生病。母親覺得她膽怯、極易受到驚嚇。

溫柔的幫助及寬容的對待嬰兒，對於改變不良開端是很有益的。克勞迪婭的母親瞭解她的女兒，她不要求女兒表現得與其他孩子一樣。

西爾維婭(Silvia)和克勞迪婭參加了一個很有益的母親與嬰兒團體。她們經常在彼此家中聚會，一起外出活動，比如去公園散步。當兩個孩子長到二至三歲，她們就結伴去當地的游泳池，那裡有一個為嬰兒

及幼童建造的溫水游泳池，讓孩子們開始接觸水。

　　五位母親及她們的二歲孩子參加了這次冒險活動。兩個孩子很快就下了水。他們先由母親抱著，不久，被母親攙扶著的兩隻手臂開始在水中撲咚撲咚地玩起來。另外兩個孩子開始時緊緊抓住他們的母親，不久也開始自己玩水了。他們在溫暖的池水裡跳躍著並用小手拍水。有時，水珠濺到臉上，他們好像有點不解，不過很快又恢復了正常。大衛(David)甚至能在水淹過頭頂並引起一陣咳嗽之後迅速恢復過來。

　　但是，母親剛把克勞迪婭放到水裡，她就開始尖叫起來。她拼命抓住母親，並轉過頭嚎啕大哭。母親只能用毛巾裹住她，然後帶她離開水池，在旁邊的長凳上坐了下來。母親想與克勞迪婭談談水裡其他小朋友的情況，但是克勞迪婭的哭聲太大，淹沒了母親的聲音。十分鐘後克勞迪婭終於鎮定下來，西爾維婭又

嘗試了一次。但是，克勞迪婭又尖叫起來且聲音很響亮，以至於其他孩子都驚恐地朝岸上看。母親們不得不去安慰自己的孩子。西爾維婭也許感到很困窘，然而她一點都沒有表露出來。她又帶著女兒回到長凳上並安慰她。西爾維婭開始感到很冷，因為她沒有為自己帶條毛巾。一位朋友主動為她取來毛巾，她高興地接受了。母親也許從這樣的動作中體會到朋友的支持。西爾維婭對待克勞迪婭的態度贏得了母親們的尊重。其中有幾位坦率地承認，她們沒有西爾維婭那種不斷表現出來的耐心及韌性。

西爾維婭帶著克勞迪婭來到游泳池附近的小咖啡館裡等待其他人。當別的母親和嬰兒到達時，克勞迪婭正快樂地用「一個大杯子」喝熱巧克力並為自己的成就自豪。西爾維婭和所有人都沒有提起克勞迪婭未能入水這件事，因此，克勞迪婭回家時很有成就感。她

告訴父親自己能用「一個大杯子」喝熱巧克力。西爾維婭減輕了女兒的恐懼與憂慮，她沒有讓克勞迪婭覺得自己使母親失望，反而使她覺得很成功。

　　第二次去游泳池時，克勞迪婭仍拒絕直接下水，但她願意坐在淺水處的臺階上。然後，她也願意坐在母親的兩腿中間下水。第三次時，她不必有勞大人費心也能下水了。之後的幾個月裡，克勞迪婭愈來愈喜歡與大家一起去游泳池了。偶爾光顧的旁觀者也許永

遠也猜想不到剛開始時的窘境。西爾維婭終於使克勞
迪婭愛上了游泳池。

到三歲半時，克勞迪婭開始上幼稚園，她很快就
適應了新環境。母親對待女兒的耐心及信任終於得到
了回報。

# 尊重與信任的發展

撫養孩子也意味著教育他們尊重別人。孩子不這
樣做，常常會受到父母的懲罰。然而，孩子首先需要
得到自己被尊重的經驗，這樣他們才學會自尊，之後，
才能從中學會如何尊重別人。

允許孩子做他自己的確是件困難的事情。優秀的
父母需要有信任的能力。因為父母總是希望自己生的

孩子傑出，能展現自己的價值，且能實現自己未能實
現的願望及雄心。

　　從孩子甦醒的第一刻開始，我們常輕易地忽略他
們的感情及願望。瞭解孩子的感情或願望並不意謂著
我們必須贊同他們，而意謂著我們一直把孩子放在心
上。

　　二歲孩子不是聾子（喪失聽力者除外），但是許
多大人簡直把他們當成了聾子。這種情況與二歲孩子
所患的「選擇性耳聾」相似，就是說他們不願聽到你
所說的話。有時，孩子也在房間裡，大人卻談論一些
不合適的話題，大人以為如果不呼喚孩子或孩子忙著
在玩，他們是聽不到大人談話的。但事實遠非如此，二
歲孩子無時無刻不在學習、吸收，他們能聽到每一件
事情。我們不能同時做兩件事情，二歲的孩子卻能夠。
正是由於這種方式，他們能迅速成長。

傑克遜(Jackson)太太生氣且獨自待在自己房間裡時，她常說「見鬼」這個字。有一次她拜訪朋友時不小心碰翻了茶杯。這時，她的二歲孩子以同情且響亮的聲音評論道：「那是見鬼，對不對？媽咪。」為什麼父母最不願意孩子聽到的話，在二歲孩子的嘴裡反而說得最清楚呢？

一知半解的事情也會帶給孩子很大的憂慮及煩惱。大人有時當著孩子的面，談論出生、懷孕、手術、死亡、分別、離婚及其他各種問題。由於大人急需交流、急需讓別人聽聽自己的意見，因而無法顧及有些事情孩子是無法處理的。所以，對於孩子繼之而來的反應，如做錯事或作惡夢，父母會覺得莫名其妙。事實上他們根本不瞭解自己的話在孩子身上所起的作用。

伊麗莎白(Elisabeth)一家正對他們的房子進行大

整修。事情進展得很不順利，最後形成了僵局。建築人員表示在拿到工錢之前他們拒絕完工，而伊麗莎白的父母表示如果做得不好或不改正過來他們不願付錢。伊麗莎白的母親顯然十分不安，她對關心的朋友們談起這事，孩子們在一旁遊戲。當其他孩子仍在遊戲時，伊麗莎白卻愈來愈分心且徘徊著靠近大人。伊麗莎白從工具箱裡拾起玩具槌開始猛力敲擊地板，接著又敲擊房中的各件家具，口中唸著她將如何對付建築人員。母親根本沒有意識到她的話跟女兒行為之間

的聯繫,她嚴厲地責備伊麗莎白是「一個淘氣的孩子」,
伊麗莎白忍不住大哭起來。

　　許多二歲孩子並不喜歡太多的擁抱與親吻,除非
是那些與孩子很接近且孩子也樂於親近的人。當然,二
歲孩子通常樂意接受爸爸、媽媽、哥哥、姐姐自然的
擁抱與親吻。不過,父母也常常要求二歲孩子「與阿
姨吻別」。當這種要求太明顯時,孩子就不大願意接受
了。為什麼必須跟阿姨吻別呢? 這樣做通常是為了避
免傷害阿姨的感情。這個例子表明,父母有時會期望
二歲孩子比大人更成熟。孩子可能由於某種原因不願
與別人吻別,事實上他們的不願意也是很明顯的。

　　簡妮(Janey)的祖父很喜愛她,不過也使她覺得祖
父有點強迫她。祖父總是與她玩很親暱的遊戲,而且
每次告別時都要求她「給老外公一個響吻」,簡妮討厭
外公湊上來吻她時發出的那種「吧吧」的響聲。一天,

她堅持說「不，不要!」並用手推開他。母親批評她淘氣，並堅持要求她像一個好女孩那樣與爺爺吻別。回家時，母親心情很不好，簡妮也一直沈默不語。母親知道自己令女兒情緒不佳，但當時她又害怕傷害父親的感情。

當我們仍是孩子時，我們的父母也曾提過一些我們無法贊同的要求。現在，為人父母的我們又重蹈覆轍。我們往往對於自己未曾堅決反對父母的某一個觀點或行為耿耿於懷。如果我們允許孩子向我們挑戰，我們就可以幫助他們避免這一點。

對孩子行為的擔憂會導致一種控制他們的願望，這意謂著我們常常在瞭解情況以前就給予孩子不切實際的壓力。

# 淘氣

　　到目前為止，大多數二歲孩子已在某個場合聽過「淘氣」這個詞語。「淘氣」似乎指「我不喜歡你所做的事」或「你使我在其他大人面前難堪」等意思。如

果父母覺得孩子的行為正如大人的一樣，是「故意的」，他們也可能用「淘氣」這個詞來評論。

馬丁(Martin)從不責備孩子「淘氣」，也不相信體罰對教育孩子會有好效果。當他看到兒子玩絨毛玩具時大聲訓斥它們，心裡感到很震驚。兒子責備這些玩具是「淘氣的」，他嚴厲的與它們說話，體罰了其中幾個並教訓它們說：「你們太頑皮所以要挨打！」

這位敏感的父親後來描述，當他對兒子說：「可是我們從來沒有這樣打過你！」時，小大衛臉紅且侷促不安，並要求父親給他講個故事。後來，大衛一直不願再提這件事，這使馬丁感到很內疚。他問妻子：「他從哪裡學會這些的？他認為我們是那樣的父母嗎？任何人聽了大衛的話都會以為我們打過他。」

事實上，二歲孩子所玩的這種遊戲並不表示他們的父母就是這樣對待他們的，相反，他們只是想像粗

暴的父母可能如此對待孩子。當然，一些遊戲也模仿
了父母的行為，尤其是他們的語言。父母能發現這一
點。當孩子扮演媽媽、爸爸的角色並愛護、照顧、教
育玩具娃娃，父母會很高興且覺得從孩子身上看到了
自己。如果父母聽到孩子以一種他們相信自己從未對
孩子使用過的刺耳聲音責罵玩具熊或布娃娃，父母會
覺得十分震驚且感覺受到傷害。

# 專橫任性：暴君

許多父母覺得忍受及處理二歲孩子的專橫態度有
時是很困難的。在第二年的生活中，孩子會發現「不」
是一個很有力的字眼，於是他們開始變得專橫起來。
在三歲之前，他們在試驗這個小字眼的原動力，及它

帶給大人的巨大影響方面，已有了相當的經驗。

　　發現「不」這個字是孩子獨立過程中一個重要的里程碑。即使父母以低落的心情看待因「不，我不要」和「不，我不喜歡」而引起之爭執，對孩子而言，他尚未瞭解這字眼的真正力量卻經常使用的原因是：他還未發現他的自我意識。孩子說「不」和他被告誡「不」的經驗是同樣重要的。

　　我想所有的父母都希望他們的孩子能夠維護自己並有自尊意識。最近有關虐待兒童的新聞報導就強調，孩子必須明白他們有拒絕他人的權利，家庭應該培養孩子這種意識，要允許他們拒絕父母的一些要求並提出質疑。如果我們不以這種尊重的態度對待他們，我們就無法期望他們將來在某種特殊的場合有勇氣拒絕別人。

　　如果我們瞭解二歲孩子專橫的原因，也瞭解它發

展出來的重要意義，那麼，與二歲孩子一起生活所帶
來的許多困難也就迎刃而解了。他們的專橫態度往往
是出於擔心或憂慮某件事情。

　　對二歲孩子來說，父親和母親是很有影響力的兩
個人物，也是他們世界裡最重要的兩個人物。父母也
同樣清楚地意識到孩子對他們的影響力，孩子可以幫
助父母也可以妨礙父母，可以使父母自我感覺良好，
也可以使父母自我感覺不好。這是經常有的事情：孩
子帶給父母的感覺會使父母在約會時準時赴約或是遲
到。因此，如果父母對照顧孩子一事覺得無所適從，
這也不足為奇了。

　　二歲孩子相信父母知道、瞭解並能夠做任何事情，
而且父母是高大無比的。當父母嘗試著以二歲孩子的
身高去看待世界，就會發現他們的眼界截然不同，事
實上成人早已失去了這種眼界。孩子把桌子、家具以

及大人都看成是龐然大物。當他們發現自己的身高只及這些巨人的膝蓋時，他們會有何感想呢？想像自己處於孩子那種境地，父母就容易理解孩子所依據的規則。經常置身於孩子的處境，用他們的眼光看世界，父母的怒氣就會消失，一切也會變得更加簡單。如果父母能覺察到孩子的驚恐、妒忌、疲勞或挑釁心理，他們就有機會以成人及孩子的雙重眼光去看待事物，並讓孩子覺得父母是瞭解他的，這樣，孩子也就不會再

固執己見了。如果孩子因懂得堅持而顯得執拗，這是他逐漸成長的象徵。只要時機恰當，這樣的改變值得歡迎。

此時，二歲孩子剛發現語言及行為的作用，他們時刻練習，愈來愈善於選擇時機運用。比如，當你喊他們時他們卻跑開；當你給他們穿大衣時他們會不斷掙扎。他們還能愈來愈流利地提要求、問問題和爭論。從二歲開始，小孩子慢慢從蹣跚學步的嬰孩變成一個小男孩或小女孩，他們的個性也逐漸穩固。隨著二歲孩子能力與眼界的不斷擴展，他們開始發覺世界之大及自己所知之少。日益豐富的生活經歷令他們震驚，他們不再像一歲時那樣覺得自己是快樂全能的了。此時，父母能給予孩子極大的幫助，使他們認識到探索世界與其說令人膽怯，不如說令人激動。我們很難記得有多少事情是我們已經學到的。例如：電話。大人很少

注意到這種能使我們與不在同一個房間的人講話的普通機器。雖然有些人從技術上瞭解這個過程，其他人卻不然，可是我們可以憑著充分的經驗知道電話有此功用，這就足夠了。然而，二歲孩子是如何理解電話的呢？為什麼媽咪對它說話？聲音是從哪裡發出來的？與她講話的那個人在哪裡？當二歲孩子把耳朵湊近話筒時，他能聽到外婆的聲音。此時，有些二歲孩子高興地笑起來，另一些卻顯得很不安且把話筒推還給母親。

亞歷克斯(Alex)對電話很著迷。他知道電話對媽媽來說是很重要的，因為她有時要與爹地、外公及朋友們講話。一次，當父親打電話來時，亞歷克斯又大叫起來：「我要聽電話」。母親讓他等一下，但亞歷克斯不停地叫。母親只好把話筒遞給亞歷克斯。亞歷克斯用大人的語氣說了聲「喂」， 跟著立刻說了聲「再

見」，就把話筒扔回到母親手裡。母親繼續與父親通話，亞歷克斯又向母親要話筒，然後又發生了同樣的事情。幸運的是，母親感覺到他的不安。當亞歷克斯再次向她要話筒，她溫和而又堅定地拒絕了，接著她讓亞歷克斯明白為什麼他現在要進行對話會有困難。

亞歷克斯不能與父親通話的原因是因為他看不到父親，他渴望去做但卻不能做。在這種情形，成人可以保有其他人可靠的印象，但是二歲孩子只能憑現場感官來保有對「別人」的印象。如果電話裡傳出的聲音是他熟悉的父親實體的一部分，那麼，父親的其他部分在哪裡呢？這個問題已超出年幼的二歲孩子所能理解的範圍，所以他只能走開。

幾個月後，亞歷克斯能簡單的與父親通電話。有一次，他才說了幾句就扔下話筒，跑去取他的畫，他把畫放在話筒上，對著話筒大聲喊：「爸爸，你看」。

媽咪向他解釋，爸爸是不可能看見他的畫的。亞歷克斯迷惑的看了母親一眼，然後爬到她的膝上，倚在她懷裡。母親說她會跟爸爸提起他的畫，並建議等到晚上爸爸回家之後再給他看。亞歷克斯雖有點悶悶不樂，但他還是默許了。當孩子發現，他們有太多的東西要學習及發現時，他們會感到不安。因此，在他們瞭解更多東西之前，父母要幫助他們忍受這種不安的感覺。

有時候小孩並非感到不安，而是懂得「玩弄」權力，喜歡在遊戲中拒絕做某些事情，可以讓父母在後面追逐，這樣的遊戲一再地重複。

對父母來說不幸的是，二歲孩子對世界的有限經歷也意謂著他們不可能常有良好的時間觀念。母親們幾乎都有這樣的經驗：為了趕公車或準時到達某個地點，她們必須把所有事情安排妥當。她提前很多時間，因為兒子決定今天自己穿外套。由於「扣扣子」對孩

子來說是項艱巨的工作，所以母親不可以催促他。實際上，母親一般很樂意看到孩子自己動手做事情。母親嘗試著向孩子「解釋」，但所有的解釋都超出了他的經驗。她有些不知所措、急躁，甚至惱怒了。兒子也覺得母親在對他發火，他感到迷惑而恐慌。當他愈來愈覺得心煩意亂時，他就更加固執了。

這種情況的答案並不簡單。有時，母親不得不帶著一個尖叫亂踢亂扭的二歲孩子上車，或者把他安置到汽車或嬰兒車的座位上。只要情況允許，母親都樂意讓孩子自己扣扣子。值得思考的是，當二歲孩子困惑且生氣時，帶著一個尖叫的孩子對大人來說不是好玩的事情，任何人都會覺得吃力而不愉快。

二歲孩子在大部分時間的確不是蠻橫無理的。相反地，他們乖巧聽話。當然，二歲孩子正如其他人，也許會選擇一個最糟糕的時刻拒絕你。他們很想知道這

樣可能會發生什麼事情。有時，他們故意激怒你是由於心情不佳。父母要學會辨別這兩種截然不同的情況，因為父母應該比孩子更理智。

# 不成熟的大人

撫養孩子最容易使父母發覺自己身上的幼稚之處。很多父母受到壓力時多少會變得像二歲孩子一樣幼稚，然而幼稚畢竟是孩子的權利。有一個活生生的例子就發生在星期五晚上的一個超級市場裡。母親推著購物車，約莫二歲的女兒坐在購物車裡。母親很專心地查看她的購物清單，小女孩卻感到厭倦、不安。當她試著爬出購物車時，媽咪堅決的把她推了回去，簡單地告訴她「安靜坐著」，母親沒有時間解釋。小女孩

很迷惑，又試一次，這次母親生氣了。她提高聲音說：「我叫你安靜坐著」。孩子看起來有點不安，她又安靜地坐了回去。母親匆匆忙忙地跑到通道的另一端去挑選一些東西，她也許認為這樣會更快些。女兒一直安靜地坐著，因此母親沒有注意到她的手伸到手推車裡拿走了一卷衛生紙。女兒耐心地撕包裝紙，當她終於撕開時，她高高舉起那卷衛生紙，臉上滿是喜悅和成功的表情。然而，她得到的只是母親可怕的反應「不

要這麼淘氣!」小女孩忍不住大哭起來。附近的大人都用責備的眼神看著母親。可憐的小女孩!可憐的母親!如果沒有很多東西要買,商店並不擁擠,且母親仍能照顧到孩子,那麼帶一個二歲孩子逛商店完全是件有趣的事情。也許可以讓孩子拿點東西,或一起挑選各類早餐。但是,我們並非生活在理想世界裡。環境也許會迫使我們在一週最不好的時間去逛商店,並要買好整個星期的東西。

例子中的這位母親的確忘記了她的女兒只是個好奇的孩子。通常,母親會因女兒的執著而高興,但人在緊張時就容易失去控制,此時的母親就顯得不夠成熟,比她二歲的孩子大不了多少。

# 對付專橫的一種折衷方法

　　父母在做事之前應深思熟慮，要多思考孩子正在做的事情，而不要過早做出反應。做「暴君」般孩子的奴隸是沒有幫助的，而做一個更大的暴君更無益處。父母總會贏的，因為他們更瞭解生活。一些父母靠體罰來教育孩子，卻不去思考。我們有必要問，父母是否希望自己的孩子長大後變得膽怯、缺乏主見、順從別人，並且做任何事情都缺乏韌性；或者成為恃強欺弱者，因為他們發現，得到想要的東西唯一的方法是像父母那樣：發現弱小者就欺侮他們。

　　如果我們希望自己的孩子成為想像力豐富、機智、

靈活的人，那麼我們就應幫助他們，尤其在他們二歲
的時候。

# 教導與懲罰

　　父母對教導與懲罰所持的態度並不完全是由他的
社會階層、種族或文化團體來決定，他們孩提時的經
歷也有很大的影響。然而，大多數父母難以回憶起自
己兒童時的感受。對孩子的行為作出直接的反應，遠
比反思這些行為包含的意義要容易得多，父母往往把
孩子當成大人來要求，且認為這是合情合理的。小孩
因嫉妒而出手打他的小弟弟或小妹妹，和大人出手打
小孩的原因絕不相同，當然，二歲孩子必須知道大人
並不贊同他的這種行為，因為大人要保護嬰兒，但是

更重要的是大人也不要以暴力或生氣來懲罰他。

如果我們自己的父母是善於「思考」的父母，那麼，當我們為人父母時，就很容易像他們一樣做個善於「思考」的父母。也有些父母，有意識的為他們的孩子做一些他們自己的父母不能為他們做的事。比如，他們決定不體罰孩子，因為他們記得這是令人害怕且無益的行為。但有些父母會認為：「體罰對我並沒有造成任何害處」，這種結論也許表明：這些大人不能面對「他們自己的父母是不太完美的父母」這個事實。能瞭解自己父母的不完美，同時也能瞭解他們令人喜歡且肅然起敬的優點，那麼我們就更容易成為善於反思的父母——能夠瞭解我們自己的不完美，就更能夠允許孩子在我們不合理時向我們挑戰。

一般所說的體罰，是一種以成人的力量威脅和強迫孩子服從的方法。孩子不會從挨打中瞭解到，父母

懲罰他只是為了讓他不要做某件事情。只有當孩子瞭解父母懲罰他的原因，以及他不能做某些事情的原因（為了保護別人的財產及他們自身，以及顧及他人的感情、需要和願望），孩子才會產生自我約束力。大人體罰孩子時，他們就已經停止思考了。為什麼不花點時間給孩子解釋不應該做某件事情的理由呢?實際上，有時也許是因為沒有好的理由，比如說只因他們的行為令我們尷尬或煩惱。父母在體罰孩子之前應先瞭解一下當時的情境，然後再思考以找出理由向他們解釋。這樣做是要花較長時間，但仍是值得的。

大多數父母偶爾會體罰孩子，但幾乎沒有人會引以為榮。那些不習慣體罰的孩子將為意外的責打所驚嚇，雖然他們會體認到自己的表現是過分了，但也會覺得今天媽咪和爹地不像平常那樣關心、原諒他。

經常體罰孩子的父母，在孩子因氣憤和灰心而大

鬧情緒時，不該感到吃驚。一些父母體罰孩子，但也希望孩子找出原因來。經常挨打又尚未培養出提問、推理、理解習慣的孩子，將來在幼稚園、托兒所或學校裡都不會快樂的。

　　一些經常挨打的孩子變得溫順而膽小，他們看上去脆弱、逆來順受，又容易被別的孩子和大人欺侮。此外，大聲喊叫或缺乏愛護與讚許的粗魯舉動，也可能對年幼的孩子產生同樣的不良影響。

# 表現得過分

　　與理智的父母相比，二歲的孩子當然顯得很不理智，甚至明目張膽地挑釁。

　　柯蒂斯(Curtis)從早晨醒來之後一直不順心，母親

知道柯蒂斯每次發脾氣都是因為看到母親開始照顧新生嬰兒，因此母親一直耐心地對待他。傍晚，當她給嬰兒換尿布時，柯蒂斯大聲說：「我要在地毯上小便」，然後真的這麼做了。開始時母親顯得很理智，她雖然知道柯蒂斯不能等，但仍然解釋說馬上可以和他在一起。柯蒂斯更氣憤，他對母親說：「我還要在地毯上小便」。母親後來說他的表情好像在表示「你對此毫無辦法」。顯然，在某種程度上這是真的，因為母親正抱著嬰兒。在這種場合，柯蒂斯好像無法忍受他的無助且要求母親給予平時一樣的關心，因此他一方面讓他母親知道他的確感到很無助，另一方面他表示對此很氣憤。不幸的是，過了一整天，兒子的行為到底太過分了。母親對他大聲喊叫並責打他。她回憶說她對自己的音量感到震驚，並立刻想到鄰居會怎麼想。在睡覺時，她因為自己責打了一個比嬰兒大不了多少的小男

孩而感到內疚。柯蒂斯對母親的反應感到震驚，他立即悔悟了，知道自己做得太過分。之後，母親就此事與他談了一次。在接下去的兩週裡，柯蒂斯成了「一個乖巧的小天使」。

教導孩子而不是體罰他，能即時使孩子產生自我約束力。如此，親子之間的接觸不會有太多的衝突。孩子的同情及良知正逐漸發展起來。做錯事而受教導的孩子學會了謹慎，而經常被體罰的孩子則比較可能學

會逃避以免受到懲罰。經由教導，我們幫助孩子明白全面考慮事情的能力，並使他們找到處理困難情境的方法。如果受到體罰，那麼錯誤的行為也許會被壓制著，但問題仍未解決。

# 良知的發展

如果父母大部分時間能夠尊重孩子，教導他們而不體罰他們，二歲孩子就會慢慢培養起良知。當他們做了錯事，他們會感到內疚，而且他們也不願掩蓋過失，反而認為必須讓父母和其他可信賴的大人們知道這些過失。

當傑克(Jack)的父親在洗澡時間下班回家，他發現傑克正在哭泣。媽媽解釋說他的腳趾踢到了澡盆。爸

爸過來安慰傑克說：「讓我看看你的腳趾」，「不」傑克說：「我踢了盆裡的喬(Joe)（小弟弟）」。他表達了他的內疚。他傷害了喬，因此不值得父親的憐憫。事實上，他的良知正如大多數二歲孩子一樣，比他們的父母要嚴厲得多，他把錯誤行為記在心裡，不想抹去，所以會脫口說了出來。爸爸的處理使傑克減輕了對自己的苛求，但是，從一個孩子心底發出的如此嚴厲的自責聲音，在以後的一段時間裡，有時仍會繼續被表露出來。

　　幾個星期以後，這個小男孩拜訪了他親愛的祖母。他來到祖母家，祖母問傑克：「今天你做好事了嗎?」「我踢到喬的頭」，他告訴她。傑克認為這是他迄今為止最大的過失。他的父母顯然對此十分不安，這一次，傑克仍不願掩蓋他的「罪行」，他表示這是他印象最深的一件事，他沒有對自己的過錯無動於衷，相反，父

母的不安促使他思考。傑克的行為表示，他很在乎自
己的過失且能不斷的提醒自己。

　　路易絲(Louise)的父母對她期望很高。他們相信，
對任何壞行為都要用「有如一噸磚頭重的強壓」來做

到「防微杜漸」。結果，他們沒有給她多少學習適應的
餘地，因此她常常做錯事。有一次，路易絲和她的朋
友珍珠(Pearl)一起玩。她們玩得很開心，不久她們都
覺得累了。路易絲想看她最喜歡的電視節目，但她父

親拒絕了，因為大人們會因此聽不見彼此說話。路易絲又要求了兩三遍。她母親說她淘氣並告訴她，如果再要求一次就會把她一個人關到房間裡。路易絲看起來很害怕，也很生氣。她走到房間的另一端打了珍珠的母親一下，珍珠的母親很吃驚但沒說什麼。路易絲確定沒人看見，便彎腰去拉珍珠的頭髮。從這個例子我們能發現，路易絲必須另找地方發洩不滿。她父母對她來說是巨人，因此她不能公然挑釁。她的挫折和氣憤只能發洩到別人身上。與坦白的傑克不同，她學會了使小心眼，父母的行為對女兒反省和良知的發展沒有發揮積極的作用。

# 同情的產生

在產生良知的同時，孩子也產生了同情。那些忙於照顧孩子的父母會發現，雖然孩子才二歲，但已經很懂得體會別人的感情。

簡克(Jake)是三個孩子中的老么,他和大哥相差五歲。母親裘 (Jo) 特別喜歡他,因為與簡克在一起比起與其他兩個孩子在一起,不必那麼地擔憂。現在,家裡已不再有經濟問題,母親就放棄工作待在家裡,享受做媽媽的樂趣。

簡克二歲半時,裘親愛的父親意外地死了。那天剛好上午十點左右,當電話來時只有簡克和裘在家,這打擊太大了以至於裘尖叫起來「噢,不」,然後忍不住放聲大哭。之後,她想起自己「不能在簡克面前這樣」,但已無法克制自己。裘想讓簡克放心,不要在乎她的哭泣,但她一句話都說不出來。

簡克拿起他的毯子(這毯子是他晚上睡覺時蓋的),並把它蓋在母親身上。然後,他爬到沙發上,靜靜地坐在母親身邊,溫柔地盯著她的臉。當哭聲漸歇,簡克拍拍母親的臉說:「好啦,好啦」,正如自己煩惱

時母親對他所做的。

　　最後，裴能夠解釋她哭泣的原因。她簡要而真實的告訴兒子：她很傷心，因為她很愛他的外公。簡克靜靜地聽完裴的每句話，然後爬到她的膝上，用手臂抱住母親的脖子。

　　裴對這次經歷很驚奇。事後，她說簡克像個大人一樣安慰她。她被他純真的愛及同情所感動，同時心中掠過一絲內疚，因為她不能保護簡克避開自己的傷心，或者安慰簡克。但最主要的是，裴感到奇怪，才二歲的孩子就能這麼明顯地表現出熱愛及關心。

　　我們不能每次都讓孩子避開生活中痛苦的事，我們只能盡我們所能幫助他們。顯然，我們寧願二歲孩子不去面對死亡之類的事情，但真正重要的是，我們已經給予孩子愛及尊重，且教導他們如何處理麻煩的情境。

　　生活的秘密之一在於，我們不可能知道事情將會有什麼結果（可能的話，我們會盡量避免）。然而，孩子總會變得愈來愈堅強、可愛，正如簡克那樣。

# 第二章

# 二歲孩子與家庭

# 父母親

　　對二歲孩子而言，母親仍是他們世界的核心。她是個安全的基地，孩子可以從這個基礎出去探索世界的其餘部分。在這個探索過程中，母親作為一名嚮導仍然是不可少的，她必須保護孩子避開無法處理的經驗，並確保孩子對奇妙世界的觀感不被打擊。二歲孩子以新奇方式看待世界是父母的主要樂趣之一。像丹尼爾(Daniel)，當他二歲零九個月大時，想要理解堂兄堂姐們有關上帝本質以及認為上帝無處不在的談話。他作出這樣的反應：「我希望上帝是一塊巧克力，那麼我就能吃掉上帝，讓他待在我的肚子裡。」

一旦出了什麼問題，或者孩子病了、累了，二歲孩子會立即轉向媽媽尋求幫助。孩子在依賴與獨立之間不斷波動，父母往往感到迷惑而擔心。二歲半的傑克，總是要求媽媽哄他入睡，雖然他也喜歡爸爸。有時，父親工作回來後要和兒子一起消磨一些時間，而母親在一天的勞累之後坐下來愉快地休息。然而，他們發現，小弟弟喬出生後，傑克感到被父母忽視，在好幾個月裡傑克很依賴人，很難伺候，而這個時候父母正指望看到他日益成長的個性中，會有更獨立的一面。

　　丹尼爾二歲半時得了痲疹，發高燒。晚上，媽媽讓他睡在父母的床上，挨著她。第二天，祖母來探望他時安慰道：「可憐的孩子，你過了一個多麼痛苦的夜晚。」丹尼爾困惑地看了看她，回答說：「不，我睡在媽咪的床上」。對丹尼爾而言，晚上和媽媽睡在一起的

願望，已抵消了生病的痛苦。

在二歲這個年齡，孩子不時會偏愛父母中的某一個。有時堅決要求「讓爸爸幫助我做」，其他時候會說「不，我要媽媽。」當然，如果孩子累了、生病、受傷或受驚嚇時，媽媽幾乎總是孩子喜歡和需要的人。這可能使母親感到厭煩，而那些本應得到孩子更多親近的父親則會感到傷心。然而，通常到第二年，在大多數家庭裡，父親的重要性開始變得日益明顯起來。

在雙親家庭裡，二歲孩子做事很少會半途而廢，且容易對父母雙方都產生感情。在這個年齡，孩子也會對異性父母表現出一種特殊的興趣：小女孩明顯地偏愛她的父親，而小男孩則喜歡在母親面前顯示力量，並希望得到母親的讚美。對父母中某一人所懷的強烈愛戀也會伴隨著對另一人的強烈對立情緒。

丹尼爾，當他二歲零九個月時，有一個星期天早

上，帶著睡意來到父母的臥室裡。他看到父母倆躺在一起，好像大吃一驚。他帶著一種十分氣憤的表情走到父親那一側，用一個二歲孩子所能使出的最大力量在父親胸膛上猛擊一拳。接著，他滿足地大搖大擺走到了母親那一側，吻了她並爬到床上靠著她。小孩子的妒忌如此明顯，以至於父親忍喉不禁。父母隨時都可能碰到這樣的小事，嘲笑或發怒可能傷害二歲孩子正在形成的自我意識。但同樣，父母必須十分小心，不能鼓勵孩子這種認為自己真的可以取代異性父母的幻想。二歲孩子是很會挑釁的，如果異性父母也加入，故意以此挑逗配偶的羨慕，那麼二歲孩子很快會變得不安且憤怒。

丹尼爾既崇拜他的父親，同時也想取代他。他告訴媽媽說，長大之後就與她結婚。「那麼爸爸怎麼辦呢?」母親問他。丹尼爾仔細想了想，臉上露出焦慮的

表情，然後他的臉突然開朗起來，他回答說：「爸爸將是我們的小男孩。」

這裡，丹尼爾在對父親的愛中，顯露出忍不住要取代他的願望。當然，事情並非那麼容易；然而，他的答案也表明了二歲孩子可愛的邏輯——僅僅通過位置的對調來達到目的，把丹尼爾放到他希望的父親的位置，而讓父親嘗嘗做一個小男孩的滋味。

丹尼爾的朋友蘇菲(Sophie)，很愛她的父親，成為名副其實父親的乖女兒。她所做的每件事都要得到父親的認可；她一有機會就緊緊依偎在父親身邊，有時甚至叫她媽媽：「到廚房去做菜」，這意謂著她可以單獨和爸爸在一起，而她媽媽卻伺候他們倆。她很快表示想與父親結婚，在這段時間裡，當三個人在一起時，她常常粗魯的對待母親且充滿敵意。她快三歲時，被告知爸爸不能跟她結婚，因為他已跟媽媽結婚了，而

蘇菲是他的小女孩。蘇菲沮喪了好幾天，然後當他們三人在一起時，她堅定地說，她「長大」後將與另一個名字跟她父親完全一樣的男人結婚。她是用很堅決的語氣說出這個最後的決定，這個決定不僅顯露了她對母親的認可，同時也表明她拒絕接受與願相違的生活。

　　這種對異性父母的愛也包括感官接觸的願望，如撫摸、擁抱及親吻。小男孩會有勃起現象，而小女孩也下意識的想叉開雙腿坐在父親的膝上。這種撫摸和擁抱舉動可能很快轉變為侵犯行為，媽媽或爸爸會突然挨打。蘇菲瞭解到願望不可能實現時所表現出來的沮喪，在下面心情的迅速轉變過程中顯露出來：當孩子怒氣沖沖地拒絕、責備或傷害他們的父母之後，充滿愛意的關懷會馬上代替剛才發作的怒氣。蘇菲剛對父親發過脾氣，馬上，她又親吻父親且問他：「爹地，

你高興嗎?」她邊問邊點頭。傷害父親之後產生的內疚對蘇菲來說太強烈了,因此她試圖否認自己傷害過他。

二歲孩子對異性父母熱烈的愛戀是很感動人的,許多父母把它看作未來愛情的先兆。二歲孩子愛起人來毫不挑剔且全心全意,就像初次墜入情網的戀人一樣。

奧立佛(Oliver)在二歲半時熱烈地愛著他的母親。他經常很真誠地告訴母親,她看起來很漂亮。一天,外出購物時,他母親去試穿一件洋裝。奧立佛和丹尼爾與她一起待在試衣間裡。母親從頭上套進一件黃裙子,奧立佛嚷道:「噢,媽媽,你看起來像一個公主一樣,我們來玩王子與公主的遊戲吧。」「不,她不像」,丹尼爾迷惑地說:「她看起來像黃色的香蕉。」五歲的丹尼爾已經對母親有了較實際的看法,但他也羨慕弟弟這麼崇拜母親。

　　二歲孩子的妒忌心可能會使週末變得很難過。父母期待著一起高高興興過週末，而且母親也想輕鬆的與父親待在一起。這時，二歲孩子就可能比平時更難對付了。許多母親觀察到，平時單獨與他們在一起時很容易應付，而令人迷惑不解的是有兩個大人在場時就難辦了，以後我們才明白這是妒忌的威力在作怪。幾乎像其他所有事情，我們首先要瞭解我們自己的妒忌心和它在家中的影響。有時，對兄弟姐妹的妒忌也會

掩蓋對父母關係的妒忌。

# 單親家庭

　　如今，越來越多的大人單獨撫養孩子，其中大多數是婦女。有時，因配偶一方死亡，另一方須單獨撫養孩子，但更常見的是因為夫妻離婚或分居。有時，也可能是單身父親或母親自願選擇獨自撫養孩子。一些父母雖然分開了，但仍扮演著孩子雙親的角色，這種做法對孩子來說顯然較有好處。因為二歲孩子區別現實與想像的能力還不很強或不大可靠，因此他們會對周圍的事情產生幻想。他們通常認為，自己是父母離異的原因。如果父母仍是朋友，且繼續分擔對孩子的責任及愛護，那麼，孩子會理解並相信，自己無須對

父母的離異負責。

　　然而，人的本性可能是：離婚後，父母在照顧孩子這一成人的責任上會有所減弱，孩子可能變成相互關係中的犧牲者。二歲孩子是很脆弱的，必須盡可能使他們避開父母間的爭吵。他們雖然不能瞭解這些爭吵，但仍會在感情上遭受衝擊。這種時候，記住二歲的孩子是有聽覺，這一點相當重要。

　　愛麗絲(Alice)二歲半時，她的父母在一段充滿爭吵的婚姻生活後分居了。分居還不久，雙方仍激烈爭吵。一天，門鈴響起，舅舅來看望她們，當時，愛麗絲正在臥室裡玩耍。母親開始向兄弟抱怨起自己的丈夫。聽到愛麗絲在自己的房間裡插了一句「那個雜種!」時，母親很吃驚。她訓斥了愛麗絲，然後尷尬地看著兄弟，因為她知道這畢竟是愛麗絲聽自己說的。母親的不幸及訴說的願望那麼強烈，以至於她沒有注意到

愛麗絲在臥室裡能聽見他們的談話。

當愛麗絲從房間裡出來，她對親愛的舅舅專橫而暴躁。她要他「滾出去」，想把他從沙發上拉走，然後，她把地板上的玩具鍋一個一個地扔到舅舅的腳邊，母親很茫然並為女兒的敵意感到尷尬。

之後，愛麗絲又要舅舅與她一起玩遊戲，並要求他假扮自己的丈夫。他們開始玩了起來。「滾開」，愛麗絲惡狠狠的對舅舅說，然後仔細看他的反應。舅舅說：「如果我是你丈夫，那麼我必須待在這裡。」但愛麗絲說：「我要趕你走」，她驅趕他，而他假裝逃開了。不久，她又對他說：「現在來幹活」，然後轉身用她的壺和平底鍋開始「做菜」。她對著她的「丈夫」喊：「不要忘了來吃飯」。飯菜包括從花園裡取來的葉子和草，舅舅說他會假裝吃。「不」，愛麗絲說：「真的吃！」舅舅再次說他會假裝吃，並維妙維肖地模仿那些享受美

食的人，很香地吃起來。愛麗絲沈思著看著他，似乎決定同意了。不過，她仍不斷地對他發號施令，每次他說吃完了，她就要求他再吃一些。

　　這裡，我們能發現，愛麗絲心裡完全充滿了對「丈夫和妻子」的憂慮。妻子要趕走她的丈夫嗎？她，愛麗絲，難道有能力這樣做嗎？她似乎扮演氣憤的母親，對著丈夫叫喊要他走開。但是愛麗絲也愛她的父親，當她叫她舅舅（丈夫）回來吃飯時，她的矛盾心理就表

現出來了。她既希望提供他食物、讓他吃飯，同時又想懲罰他。愛麗絲要求舅舅吃下她盛上來的每樣東西時，這種心理就表現了出來。也許，她自己的感覺也如此，因為她無法選擇所看到及聽到的事情，她不得不「囫圇吞下」許多對她無益的、不合適的東西，就像草和葉子對她舅舅沒有益處一樣。她的舅舅能和善地與她玩遊戲，並沒有被強制做他認為不好的事，他的這種能力似乎幫助愛麗絲克服了令人驚恐、困惑的情境。她試著扮演一個專橫的人，卻在遊戲中發現她沒有足夠的力量趕走她舅舅或叫他做他不願做的事。也許還來得及通過這樣的遊戲，使她相信她沒有趕走她的父親。

　　有時，父母會無意識地與同性孩子「結幫成派」，如「女孩子們在一起」反對男人，或者妻子發現愛兒子比較困難，因為他總使自己想到仍令她感到生氣的

前夫或配偶。瞭解到這種情況可能發生，我們就可以
防範它以保護我們的孩子。

　　瓊(Joan)有一個五歲的女兒和一個二歲的兒子，丈
夫離開了她與另一個女人生活在一起。瓊仍愛她的丈
夫，因此感到很氣憤、很煩惱。大部分時間裡，她能
愛護、關心自己的兩個孩子，但是，有時會無意識的
對小兒子麥肯(Malcolm)發火，或感到只有女兒崔西
(Tracy)與自己貼心。這一點在吃飯時表現得特別明顯，
瓊總是先給崔西準備食物，給她最大或最好的一份，接
著是瓊自己，然後才是麥肯，但麥肯從不為自己吃最
少的一份而抱怨。瓊似乎在麥肯身上看到了對擁有一
個女人感到不滿足的「貪婪的」丈夫的影子，而在女
兒身上，她看到了自己的影子，所以需要也值得被優
先考慮。她無意識地造成了一種挑釁的局面，女兒好
像充分享受且想當然地以為自己應該優先挑選東西，因

而表現得像一個被寵壞的小公主。雖然父母分居時麥肯才二歲零九個月，但有趣的是他看上去比姐姐更懂事。他崇拜母親，因為她曾經十分愛護、理解他，以前的良好經驗幫助他平安度過了現在這段艱難時刻。當母親說他「像個小男孩一樣」不懂事，或者責備麥肯舉動粗魯（事實上粗魯的是他的姐姐），他沒有激烈的反應，仍然溫和而可愛。在其他時間裡，瓊也能體會兒子的寬容。然而，家中仍存在一種危險，即麥肯迫於壓力可能不得不成為「家裡的小男人」。

從中我們能看到潛意識的想法是多麼有影響力，在某些壓力下父母變得極為脆弱，以至於「感情用事」地做一些自己意識不到的事情。如果他們疲倦或厭煩時就變得如此，那麼當他們的生活確實存在著危機因而變得脆弱時，他們就可能做得更過分。瞭解自己的脆弱，就有可能為自己的需要做點什麼，而「不遷怒

於孩子」。

## 自願做單身父親或母親

越來越多的女人在結婚之前就選擇要孩子。這些
單獨撫養孩子的大人往往也能勝任這一工作。他們享
受做父母的樂趣，孩子也大致成長得不錯。然而，單
獨撫養孩子對單身父親或母親而言畢竟是一項更為困
難的工作，對孩子也不例外。通常，他們能得到的經
濟支持比雙親家庭要少，不過，更為嚴重的是他們缺
乏感情上的支持。

撫養一個孩子不僅充滿樂趣也充滿了憂慮。例如，
痲疹、流行性腮腺炎、水痘等可能都是尋常事，但他
們都會帶給父母很多憂慮。小孩子發燒時，父母不可

能不擔心，即使明白成千上萬的孩子在兒童時期都得過這種病，然而孩子畢竟太小了，父母總擔心他能否存活，單獨照顧一個生病的孩子是很孤獨無助的。在雙親家庭裡，總有這樣的機會：兩人中有一人勇敢、現實且明白事理，而任由另一人「為小事而擔心」；但是單獨撫養孩子的大人卻別無選擇，不僅要擔心能否救活孩子，同時也要明白事理。當然，孩子會度過難關的，因為畢竟是發燒而已。在雙親家庭裡則不同了，父母雙方就可能輪流照顧生病的孩子。

甚至每個父母都會遭遇的事情，像睡眠被打擾或徹夜不眠之類，對單身父親或母親而言，也顯得更加困難。沒有人可以讓你睡個懶覺，沒有人會瞭解你精疲力竭。一些單身父母在撫養孩子這一工作上似乎是個全能的人，好像能處理所有事情，沒有任何事情可以困擾他們。事實上，單獨撫養孩子的決心很可能使

得單身父母難以承認自己的難處。為避開雙親家庭或有著不同生活方式的親戚們的批評，也促使他們採取防禦態度。

人類是群體動物，而依賴是我們的本性之一。單身父母也必須保證自己有其他的成年人可以依賴，必要時也可以尋求他們的幫助。單身父母可能在同類人中找到朋友，他們確實會從中得到許多親密的支持。然而這件事也存在這麼一個危險，即這些家庭很容易結成一派。或者從另一個角度看，一群人為了同情和支持而聚在一起，如此下去勢必會與雙親家庭更加隔絕。這些團體大多數由婦女一起組成，她們確實為彼此提供了許多幫助。然而，為了使孩子形成自我意識，男孩和女孩都需要兩性的角色模式。

單身父母把所有的愛及感情都投注在孩子身上，使得孩子難以養成獨立性。在雙親家庭裡，孩子會有

這樣的體驗：如果與媽媽鬧彆扭，他們也能與爸爸待一會兒。媽媽與爸爸有不同的優點及缺點，孩子可以從中得到更豐富的模式進行觀察、模仿。當然，雙親家庭的缺點之一是，媽媽與爸爸可能因孩子的挑撥而彼此對陣。如果孩子與媽媽鬧了彆扭，就轉向爸爸以此來反對媽媽，在這種情況下，這種做法與其說是感情的方式不如說是感情的武器。供人自由使用的手段及對任何情況或感情作出反應的方式，若能有選擇的範圍，是很有幫助的。但一旦作為感情武器就完全是另一回事了。

沒有父親或母親的孩子在二歲這個年齡開始注意到父母兩人的存在，且會作比較。如果單身父母採取防範態度，那麼孩子可能會覺得什麼地方出了差錯。

許多單身父母對他們的孩子關注「失去的父(母)親」感到很吃驚。

　　莎莉(Sally)是個二歲零三個月大的小女孩，她的母親是位單身母親。莎莉突然開始喊所有男人為「爸爸」。她最先喊蔬菜店裡的某個男人為「爸爸」，但「爸爸」的範圍很快就擴展開來。開始時，母親感到尷尬，她告訴女兒「別傻了，你知道那不是你爸爸。」後來，她明白事情沒有那麼簡單，女兒不會像母親那樣去「理解」「這個男人不是爸爸」這件事。在莎莉的生活中從未出現過父親，但她注意到周圍有許許多多個爸爸。母

親明白，該是談論爸爸的時候了。她告訴女兒，當她四十歲時，她感到做母親的時間很快就要過去，因此決定要一個嬰兒，即使她與莎莉父親的關係沒有繼續維持下去。顯然，二歲孩子難以瞭解這一點。與朋友們商量後，她開始對女兒承認「爸爸沒有和我們生活在一起」這一事實，當然，女兒在觀察中已經發現了這一點。觀察到的事實得到母親的承認，女兒的某些憂慮也消除了。她隨之提出一些問題，母親盡量簡單而誠實地回答。

# 兄弟姐妹：妒忌

　　瓊妮 (Joanne) 二歲零三個月，她的姐姐珍妮 (Jenny)已五歲。瓊妮崇拜她的姐姐且希望自己能夠做

姐姐所做的每件事，這現象已經證明在她的成長中有很大的激勵作用，瓊妮能說出複雜的句子。姐妹倆經常在一起玩，在一段時間裡她們是很友好的，直到發生一次爭吵為止，爭吵經常因瓊妮不同意某些玩具只屬於姐姐擁有而引起。當珍妮說：「這是我的娃娃」，瓊妮會加上一句「也是我的」。「不，」珍妮說：「是我的，媽媽，告訴她。」當媽媽試圖向瓊妮解釋時，瓊妮還生氣地說：「也是我的」。

珍妮感到很大的挫折，她一定覺得專橫的小妹妹將會奪走一切，包括她的成就。但是，珍妮完全有能力進行報復。珍妮和瓊妮很喜歡在一起玩媽媽和嬰兒的遊戲，她們每個人都有一個嬰兒娃娃作為她們的嬰兒。她們一起玩時，同意給兩個嬰兒餵奶。瓊妮對她的嬰兒說：「吸一口。」珍妮說：「給她裹上尿布 —— 你一定得包一塊尿布。」瓊妮迷惑不解，她拉開褲子朝裡看了看說：「沒有，你看!」珍妮回答：「但你在晚上要用的。」瓊妮顯得有些同意，因為她對此沒有答案。她停了下來，一隻手拎著嬰兒娃娃，頭歪在一邊，沈思地看著遠處。突然，瓊妮的臉色開朗起來，她轉身對姐姐說：「看我跑!」瓊妮從臥室的一端跑到另一端，她的確跑得很快且使人印象深刻。但珍妮還沒完呢。「看我跳」珍妮說，踮著腳趾使出最大力氣，她做得很漂亮。為了不讓姐姐勝過自己，瓊妮也說：「看我

跳。」她只稍微做了個跳的動作。「那不是跳」，珍妮

很有耐心地說：「你得這樣跳──一隻腳向上，一隻腳

向下。」瓊妮眼睛盯著不聽使喚的腳，她似乎明白自己

的腳不能做她姐姐能做的事情。瓊妮把大拇指含在嘴

裡，然後突然跑去找媽媽。

# 支持

兄弟姐妹，也是友誼及支持的一大來源。他們會一起反對最早的「壓迫者」——父親與母親！丹尼爾快五歲時，他被母親「抓住了」，因為他和二歲的弟弟把浴室弄得一片混亂。母親很生氣且嚴厲地斥責丹尼爾，這時二歲的奧立佛便把手放在哥哥的肩上，粗暴的對媽媽說：「不要罵我哥哥！」在以後的生活，許多兄弟姐妹一直都是朋友，而且他們也能彼此安慰。

# 大家庭

一些父母住得離自己的親人很遠，因此他們不大可能得到家人的幫助、建議，也不能讓他們臨時照顧一下嬰兒。然而在另一方面，他們也避免了一些干擾及壓力。

如果幸運的話，住在附近的親人如父母和兄弟姐妹可以提供必要的幫助。除非關係很緊張，否則孩子都喜歡拜訪親戚。大多數孩子都幸運地擁有自己的祖父母且崇拜他們，而祖父母也很疼愛和縱容孩子。祖孫之間的關係是一種很重要的關係，它帶來像父母般的許多歡樂，又沒有像父母必須承擔的壓力和責任。許多人覺得做祖父母比做父母更有樂趣，因為孫子最後總要回家去的。祖孫關係有一個最大的優點，它能帶

給孩子親近感，但卻少有如親子之間的衝突發生。

　　然而，祖父母及父母的兄弟姐妹也會施加一些無益的壓力、過分的批評和要求孩子做難以做到的事情，或者對撫養孩子提出一些不適合父母的建議。通常，二歲孩子對拜訪時的氣氛很敏感，即使大人說話很小心，緊張的氣氛也會不被察覺地傳給孩子。

# 性別特徵

　　對二歲孩子而言，世界是個非常神秘、充滿奇蹟，也令人迷惑的地方。二歲孩子已經開始尋找宇宙的規則及可預知的東西，基於此種原因，他們聽起來好像小性別歧視者。

　　每當有東西需要修理時，傑克總是堅持說：「讓爹

地修理」，而當母親說她也能做得跟父親一樣好時，傑克總會感到很生氣。母親希望以一種不強調性別的方法來撫養兒子，這跟傑克的願望是不同的，因為他希望在兩性之間作出明顯的區別。傑克也把家裡的汽車稱作「爸爸的汽車」，即使父母倆人都開這輛車。他需要事情有明確而固定的分類，那樣他才不至於感到意外。他剛剛瞭解到母親能懷孕而他和父親卻不能。在小弟弟出生前的幾個月裡，他常常指著自己的肚子說

「這裡有嬰兒」。他也問每個人，無論男女老少，都這樣指著他們的肚子問「那裡有嬰兒嗎?」在這個時候，他對自己的性器官以及男人在創造新生命時所起的作用毫無概念，反而是母親體形的改變、住院生孩子、給嬰兒餵奶給他留下較深的印象。如果說，母親體形的改變造成的直接影響是他不能坐在她的膝上。那麼，父親的作用相比之下似乎更難理解了。

　　瓊妮二歲半，卻從未對性別差異提出疑問。她好像否認它們的存在，畢竟她和她姐姐珍妮都是女孩子。然而，當她與母親來訪的朋友坦率地交談時，瓊妮流露出對性別差異的注意。「你也有小女孩嗎?」她問，母親的朋友告訴瓊妮說她有幾個男孩子，瓊妮的母親插話說：「是大男孩」。這時瓊妮脫口說：「我看到過爸爸的下身，長長的。」瓊妮的母親很吃驚，因為瓊妮以前從未提起過。瓊妮然後又加了一句「不，它跟媽媽

的一樣，因為它也被軟毛包著。」說完，她繼續玩她的
遊戲了。

　　這裡，瓊妮否認了她觀察到的事情，因為這會給
她帶來許多無法回答的問題，比如自己是否「遺失」
了陰莖。這件事表明，瓊妮希望弄清事實，同時也對
性別差異感到擔憂。

# 家中的新生兒

　　在許多家庭中，老大與老二或老二與老三之間大
約相差兩歲。許多父母覺得兩年的時間足夠讓老大度
過嬰兒時期，且開始變得獨立起來。此外還有一個好
處，即隨著時間的推移，孩子會成為朋友及夥伴。

# 為新生兒作準備

　　四十年前，很少有孩子會為弟弟妹妹的降生作好

準備。那時有很多神話，比如孩子們被告知嬰兒是鸛

留下、由醫生帶來、在深紅色的灌木叢中發現的等等。

　　幸運的是，現在大多數父母明白孩子既有耳朵又有眼睛，二歲孩子比任何人更善於聆聽、觀察。所以，他們不可能忽視母親體形的變化及母親不時表現出來對懷孕的專心態度（尤其當她感到不舒服時），而且他們也可能無意中聽到母親與其他大人的談話。

　　難以弄清的是，到底要告訴孩子多少事情以及何時告訴他們。大多數父母認為，等兩三個月之後，確信母親已經懷孕時才告訴孩子。然而，這種等待很難做到，因為二歲孩子如此敏感地與母親相融，而且他們仔細聆聽著大人所說的一切。當孩子寧願「發現」事情，而不願被告知時，各種誤解就會悄悄產生。

　　如果大人能簡單地告訴孩子：媽媽和爸爸會再有一個嬰兒，而且這個嬰兒在媽媽體內某個特殊的地方生長著，這樣做對多數孩子會有幫助。這個消息常常會引出孩子的許多問題，當然，孩子也許不會立即提

出這些問題。即使如此，父母提供的消息也要順著孩子的心思，要告訴他們想知道的那些事情。

有時，父母擔心這種消息會使二歲孩子感到不安，所以強加給孩子更多的事實，超過孩子的心理準備。他們還會作出虛假的保證和不真實的敘述，例如，假裝說媽媽懷孕只是為了讓二歲孩子多一個朋友和玩伴。這種做法不大會成功，因為孩子可能清楚地告訴你，正如克勞迪婭告訴她媽媽的一樣，「我已經有朋友了」，或是嬰兒出生之後，孩子很快會發現小弟弟或小妹妹不能與他們一起玩，因此孩子感到被欺騙了。告訴孩子嬰兒出生不會花很長時間，也是有幫助的，即使孩子會一遍遍地問你「嬰兒今天會出生嗎?」

# 生活中的事實

　　有必要再提醒一次，順著孩子的問題說話是有幫助的。假如你明確表示樂意回答所有的問題，那麼過了幾個月之後，二歲孩子會向你提出這些問題。

　　然而，父母必須有所準備。因為即使告訴他們真實的情況，孩子仍會繼續堅持他們的想像，比如嬰兒如何進入母親體內、如何出來以及嬰兒所待的地方會是什麼樣子等等。

　　丹尼爾看見大腹便便的母親在洗澡。他指著母親的肚子焦急地問：「嬰兒能在水裡呼吸嗎？他會淹死嗎？」當奧立佛出生後，丹尼爾曾與父母、弟弟一起談

起他在媽媽肚子裡的時候，丹尼爾有點明白情形並非那樣，然而對他來說仍是個事實——在他二歲半時，家人仍是他的世界，而且他也無法想像出生前與出生後的生活會有什麼不同。

　　有些孩子正如傑克，堅持說自己的肚子裡也懷了嬰兒。在這段時間裡，這些原本樂意使用尿盆或廁所的孩子會突然變得不樂意。

# 新生兒的降臨

　　雖然大多數父母對二歲孩子可能產生的妒忌有所準備，但他們仍可能驚奇地發現：甚至在新生兒出生之前，二歲孩子就已經感到震驚且擔心自己的地位將為新生兒所取代。我們不可能要求幼小的二歲孩子為

這個事實作好全部準備。媽媽會感到疲倦，而新生兒又需要哺乳、清潔和擁抱，所以對二歲孩子的關心肯定會減少。因此，幾天或幾個星期之後，許多小孩子會問母親：「嬰兒什麼時候回去呢?」如果母親認為，二歲孩子可以幫助自己照顧嬰兒且不會惹麻煩，這就大錯特錯了。許多父母有這樣的經歷：正準備給嬰兒餵奶，二歲孩子就會選擇這個時候急著要上廁所，或者遭遇某些麻煩需要媽媽放下嬰兒來照顧他們。二歲孩子對嬰兒的感情很複雜。有時他們會把嬰兒抱得很緊，或向嬰兒扔玩具。而其他時候也會表露出對嬰兒的真摯感情，比如輕拍嬰兒、拿些東西給嬰兒玩，或者當嬰兒哭泣時喊媽媽過來。

在這種情況下，產生妒忌和怨恨是人的自然反應，而感情的公開表露同樣是一種健康的象徵，表明孩子信任父母，也信任自己。

一些父母特別擔心二歲孩子的妒忌心，這也許是因為他們從不知如何處理自己的妒忌心，所以會過分重視二歲孩子而忽略了嬰兒。一對夫婦描述他們如何連續幾個小時把嬰兒放在電視機前讓她保持安靜，以便繼續給予二歲女兒一貫的照顧。

這種做法顯然沒有多大好處，因為嬰兒不能得到應有的關心，而大孩子在某種程度上可能覺得自己很有力量而做出專橫的行為或錯誤的舉動。我們每個人遲早都必須學會處理自己的妒忌。如果我們能與兄弟姐妹一起分享父母的關心，那麼以後當我們與朋友及配偶在一起時也能如此。

同時滿足二歲孩子及新生兒的需要，對父母而言，需要耐心、想像力及機智。二歲孩子不比嬰兒大多少，不同的只是時刻都在學習新的技能。幫助孩子成熟，且又允許他們不時出現適度的依賴性，這是一種微妙的

平衡。不可避免的是，我們常常使平衡失調，且發現自己站在錯誤的一邊。

　　有時，二歲孩子透過模仿書本或電視節目裡自己所崇拜的人物形象，設法度過這段艱難的時間，比如傑克（下文會談到他），常常充當消防員山姆(Sam)。有時，二歲孩子也會玩「辦家家酒」的遊戲，他們扮作嬰兒且要求你也這樣做，或者他們扮作抱嬰兒的「媽咪」。這段時間，二歲孩子往往會故態復萌，他們像以

前那樣不安心睡覺、白天尿褲子、便秘、突然感到害怕和恐懼，或者挑食等等。

## 訓練上廁所與保持整潔、乾爽的準備狀態

當孩子十八個月大時，大多數家庭開始考慮讓孩子使用便盆。在過去，父母很注重訓練孩子上廁所，甚至很小的嬰兒也不例外，但是現在，大多數父母承認等到孩子準備好了再訓練是更明智的做法，也就是說直到他們能夠控制自己的括約肌。

孩子何時才準備好在白天裡保持整潔和乾爽？這一點因人而異。一些孩子不到一週時間就能學會自己

上廁所,而大多數孩子經過幾個月之後才能完全學會。但是,二歲孩子仍會有「意外」情況,或者又會突然失控。本來,使父母大為輕鬆的是此時已無需替兩個「嬰兒」擦洗,然而新生兒的出生又常常使二歲孩子再次開始尿褲子。

如果二歲孩子仍不能判斷何時需要上廁所,那麼他還需培養一段時間,此時採取放鬆的態度會有所幫助的。也有許多孩子,在十八個月大時對自己上廁所

一事一無所知，然而到二歲半時卻能輕易地學會了。

讓孩子保持整潔和乾爽，當然包括了控制括約肌的能力，以及其他更多的事情。大多數大人不願談及排泄功能，甚至提到自己這方面的情況也會感到不悅。也有一些大人覺得換尿布令人噁心，因此迫不及待地讓孩子學會上廁所。

# 孩子對待排泄物的態度

許多小孩子很想玩弄自己的排泄物，並對自己身體裡產生的這些東西很感興趣。然而，我們這些父母總給他們提供混淆的信息。我們很關心孩子是否要上廁所；當他們坐在尿盆或馬桶上，我們關心他們是否已排泄了；如果他們表現良好，我們會很高興，且表

揚他們是「好男孩」或「好女孩」。然而，情況立即發
生了變化，媽媽和爸爸很快要處理掉這些「寶物」，而
二歲孩子卻不想放棄它們。因為對他們來說，這完全
是非常有趣，非常令人著迷的東西，也是一個可以公
開討論的話題。正如丹尼爾，他以最可愛、最社交性
的語氣，向一個從廁所內出來的男客人致意說：「你大
便得愉快嗎？」

# 孩子的幻想

作為大人，我們當然知道大小便為何物：是身體要處理的廢棄物，帶有細菌、難聞且令人尷尬。然而，二歲孩子在一段時間裡更有可能認為這是自己的創造物，如果放在適當的地方交給父母，父母會很高興的。孩子使用尿盆或馬桶的準備狀態與日益增強的獨立性、自我意識、令別人開心的意願以及控制括約肌的能力是同步發展的。總之，如果孩子能選擇適當的地方「創造」這些東西，那麼就等於給了我們一件真正的禮物，因為不必再用尿布了。

孩子仍不明白一些事情：排泄物真是自己身體的

一部分嗎？它與身體的其他「部分」有什麼差別？這些問題尚未解決時，許多孩子不願讓父母處理掉自己的排泄物。此時，採取折衷的方法往往是有幫助的：如果不會立即沖馬桶的話，丹尼爾樂意讓尿盆裡的東西倒在馬桶裡。之後，如果丹尼爾自己能夠先向排泄物告別一下，他也很願意讓媽媽把馬桶沖乾淨。許多小孩子只願意使用自家的廁所，事實上，許多大人往往也偏愛自家的廁所。

沖馬桶時發出的響聲可能使孩子對沖走自己剛放棄的身體的一部分感到恐懼，不過，這種想法通常不會持久。

# 對母親懷孕的幻想

　　弟弟出生後不久，傑克生了一場小病，生病期間

他便秘了。排泄時很痛苦，因此他變得很害怕上廁所。家庭醫生開了一些有軟化作用的藥物，不過沒有多大效果。傑克乾脆決定不上廁所了。以前，傑克很容易地學會了使用尿盆與馬桶，不過現在似乎忘得一乾二淨。他顯然感到很不舒服，母親要求「用力試試」，但他不願接受。傑克也開始厭惡他大便的氣味。後來他逐漸透露，弟弟從母親腹中出生這一事情使他開始考慮，自己肚子裡有些什麼東西以及會生出什麼東西。在母親懷孕初期，他堅持說自己肚裡也有嬰兒，現在在嚴重便秘的情況下，脹鼓鼓的肚子使他看上去的確像懷孕了一樣。傑克下意識地企圖通過自己的「懷孕」來消除對母親懷孕一事的怨恨，但麻煩的是他不能生嬰兒，只能排出「難聞的大便」。父母仔細講述和聆聽使他逐漸克服了這種困境，但在一段時間裡，他對大便的氣味仍然特別敏感。

# 餵食和挑食

　　一些孩子毫無理由地在乎吃飯地點。嬰兒時期，他們很會吮吸，從不生病或腹痛。當他們改吃固體食物時，也樂意吃各種食物，胃口同樣不錯。但是對大

多數人而言，成長決非如此簡單。從嬰兒出生開始，哺乳關係就使嬰兒與母親緊密相連著。因此，拒絕吃東西是對母親表示氣憤和怨恨的最有效的方法；孩子不願意吃飯時，大多數父母很容易作出過度的反應，因為吃飯情境包含著許多感情因素。孩子有了一個新的弟弟妹妹，或者情緒不佳時，許多孩子不願吃飯或變得很挑剔，當然，二歲孩子通常認為母親應對此負責。搬家、生病甚至一個假日都可能使孩子感到氣憤、怨恨或煩惱，而孩子對待食物的態度往往使一些情緒顯露出來。

　　大人對待食物的態度也會加劇孩子的挑食習慣。用餐時是否安寧、平靜且心情愉快？食物有好味道嗎？當孩子第一次吃固體食物時，他們是否可以「玩玩」自己的食物？如果我們對一個二歲孩子期望過高，那麼用餐時間很容易變成一次痛苦的經歷。希望二歲孩

子在冗長的家庭晚餐上靜靜地坐著是一種不實際的想法，在中間給他們一個玩具或讓他們離開餐桌一段時間再回來，可能使每個人都感到輕鬆一些。

父母對待食物的態度應該盡可能地放鬆，這樣做是有幫助的。如果孩子暫時不願意，就不要過分擔心。哄孩子「再吃一口」，會使他們感到過分強權、焦慮，且會使他們產生不良的聯想：憂慮的父母在孩子身邊徘徊，會使孩子感到自己的確有一些令父母擔憂的事。

# 恐懼和憎惡

孩子二歲時，父母開始在孩子身上看到大人難以理解的恐懼。許多二歲孩子變得怕黑、怕狗、怕某個人或一塊布，這些恐懼與孩子豐富的想像力有關。二

歲孩子經常對自己情感的力量及強度感到害怕，但是卻沒有足夠的生活經歷，讓他們確信自己的感情根本不會真正摧毀某個令自己非常氣憤的人。有時一大早，孩子可能想像到可怕怪物的出現，於是大哭起來。

其他一些恐懼與孩子不能完全理解的事物有關，例如兩性差別。斯蒂芬(Stephen)上廁所時總是很不安，他堅決要求媽媽先檢查一下窗子是否關好了，之後，他才同意上廁所。媽媽照辦了，雖然她不知道原因，但

仍沒有取笑他或說他愚蠢。母親這樣做是很明智的。一天，他說出了其中的原因「關上窗子以防小鳥飛進來。」媽媽迷惑地問：「小鳥飛進來做什麼呢?」「小鳥要啄掉我的小雞雞」，他回答說。斯蒂芬剛瞭解到女孩子與男孩子是不同的，猜想她們丟掉了小雞雞，因此他要保證自己不失去小雞雞。

第三章

# 好交際的二歲
# 孩子

# 遊戲的重要性

大人很少去思考遊戲對孩子的重要性，但二歲孩子每天從醒過來的那一刻起就開始遊戲了。遊戲對孩子而言，也是一項工作，他們的專注態度有時也說明

了對遊戲的努力程度。

　　當二歲孩子遊戲時，他們也在區別想像與現實之間的差別；瞭解世界上人們的行為方式及各種事物的運轉方式；他們也試著扮演不同的角色並練習技能。孩子遊戲也為了發洩自己強烈的情感，如愛與恨，他們經常把這些感情投注於自己喜歡的玩具熊或布娃娃身上。

　　這種時候，他們的願望與行為往往是混淆的。二歲半的崔西，正在玩媽媽和嬰兒的遊戲，她拿起布娃娃並給它脫了衣服。她還看了看娃娃的下身以檢查它是否大便了。崔西皺著眉頭，仔細盯著布娃娃的下身看了一會兒，然後轉身對媽媽說：「它好了。」這樣做好像也是為了讓她自己相信。二歲孩子往往分不清想像與現實之間的界限，有時，崔西也會忘記自己正在玩遊戲而希望布娃娃真的解過大號了。二歲孩子的腦

海裡常常出現不可思議的想法，事實上大人有時也不例外，比如迷信、祈求好運的符咒及吉祥物之中就包含了這些想法。

但是最主要的是，玩遊戲也是一種樂趣。在遊戲中，孩子能夠學會如何有創造性地克服生活中面臨的困難，而且玩遊戲的能力也對孩子將來的發展有著深遠的影響。如果我們在孩提時，有機會以各種方式玩遊戲且得到父母的鼓勵，那麼我們就可以為自己打下牢固的基礎，將來可以不斷面對新的困難甚至喜歡接受挑戰。

# 玩具

孩子並不需要昂貴的玩具，他們經常選擇家裡的

各種物件玩遊戲。大多數孩子寧願要真的平底鍋及木
匙子且運用想像即興發揮，而不要玩具。此時，「愛玩
耍」的父母也是他們的一個好榜樣。一些孩子很早就
向父母證明了他們即興發揮的能力。山姆，二歲半，有
人發現他正坐在最後一級臺階上，用三塊從花園裡撿
來的鵝卵石，很投入地玩一個富有想像力，有關媽媽、
爸爸與他們的小男孩的遊戲（他把哥哥排除在遊戲之
外了！）。他玩了四十五分鐘，直到心滿意足。上床時，

他把三塊小石頭放在自己床邊的桌上，然後充滿感情地與它們說話、道晚安。

有教育意義的玩具當然很重要，而幫助孩子區分真實世界和想像世界的玩具也是不可少的。

一些父母總在擔心，應該給孩子提供什麼樣的玩具以及是否提供了合適的玩具。以前，如果父母提供男孩子一個布娃娃，他們會擔心孩子是否會顯得女孩子氣；如果提供女孩子一座玩具汽車庫，他們又會擔心她是否會顯得男孩子氣。現在，父母當然不會如此多慮了。如果父母能開明而不多慮，那麼他們的孩子就有機會在遊戲中發展自己不同的層面。

許多父母擔心暴力，因此他們不允許孩子玩玩具槍或劍。一位父親說，雖然他禁止孩子在家裡玩任何玩具武器，然而他還是發現兒子與女兒互相追逐，用「樂高」(Lego) 做的「槍」彼此射擊。在遊戲中，孩

子也會發現自己身上的好鬥性。

　　丹尼爾的父母卻允許丹尼爾玩玩具武器。幾年後，丹尼爾在電視裡看到了有關戰爭的新聞報導。他痛苦地看著螢幕，然後說：「那些士兵是孩子的爸爸、女人的丈夫，而且」，他停了一下，「他們也有媽媽。我不喜歡戰爭，我不想殺任何人。」他靜靜地陷入了沈思，然後說：「我不想殺任何人，我只喜歡玩槍，但那不是同一回事，對嗎？」

# 創造性

　　有時，大人知道應如何做某件事情，因而可能不會花時間去注意孩子腦中的其他想法。二歲孩子需要充分的鼓勵而不是太多的批評，因為他們太瞭解自己

的渺小及無能了。不過,在遊戲中他們卻有機會發現
自己的創造力。

馬修(Matthew)已二歲半了,他剛從托兒所回家與
父母待在一起。馬修要求爸爸與他一起玩騎馬遊戲,但
爸爸累了因而拒絕了馬修。他建議馬修用積木再搭一
座與昨天一樣漂亮的塔。馬修很高興且立即取來了他
的積木盒。他每拿出一塊積木時都會問自己:「這塊是
大的嗎?這塊是小的嗎?」這是一種自問自答的表達方

式。馬修用完了所有的積木，當塔建好之後，他又把它推翻且莽撞地對爸爸說：「它翻倒了。」爸爸笑了，而馬修又開始搭了起來。這一次他好像全神貫注地不斷試驗著，他從不同的角度仔細查看了每塊積木。這一次的塔與上一次的塔不大一樣，大的積木轉而放到小的積木的上面，做到這一點顯然需要更多的技巧。這時，母親看到了，她對馬修說：「不，那樣不好」，然後再次耐心地教他怎樣從最大的一塊開始等等。馬修顯得很痛苦，因為他無法向母親解釋自己的想法，他只是明確地感到自己失敗了。他再次把搭好的塔推倒，這一次卻是充滿了氣憤與失望。

# 透過遊戲來克服妒忌

　　傑克二歲半，有一個幾個月大的弟弟。他仍未從
新生兒帶來的震驚中完全恢復過來，常常脾氣暴躁、難
以取悅。傑克喜歡觀看「消防員山姆」的兒童電視節

目。消防員山姆樂於助人，他幫助人們擺脫困境。而故事裡的其他人物都是淘氣且愚蠢的。傑克得到了一頂山姆式的頭盔作為禮物，從那時起他常常整天戴著它，甚至晚上睡覺也要戴著它。早上一醒來，他就立即戴上頭盔。洗澡時也不願意脫下來。一天早上，媽媽進屋喊傑克起床，她吻了他且喊他「傑克」，但他很堅決地回答說：「我不是傑克，我是消防員山姆。」在他的想像中，家裡已變成了消防員山姆故事裡的那種消防站現場。

　　那天，當他們出去散步時，消防員山姆（傑克）假裝駕駛著他的救火車。他解救人們並責罵淘氣的人。他讓弟弟與母親各自扮演一個淘氣的角色。在三個星期裡，他只對「消防員山姆」的稱呼作出回答，他也堅持要求一遍遍地看「消防員山姆」的電視錄影帶。從這裡我們可以看出，傑克透過變成一個很樂於助人的

消防員，同時讓其他人做淘氣且愚蠢的人，以此來克服自己的痛苦、妒忌，以及因弟弟的出生使他經常感到的極端無助的感覺。以這種方式，傑克巧妙地度過了弟弟出生後最困難的一段時間。在他醒來就要求被稱為「消防員山姆」的三個星期之後，他重新開始回答「傑克」的稱呼，雖然他仍喜歡消防員山姆及他的頭盔。值得注意的是，從這一點我們可以發現，傑克與弟弟之間已經培養起一種比較平等且友好的關係。

## 透過遊戲來克服分離

簡克在白天很想念爸爸。有時，爸爸在簡克醒來之前就離開了家，而回來時，他又睡著了。但是，他們可以在一起歡度週末。簡克經常玩「去上班」的遊

戲，他用很嚴肅的表情宣布要去上班了，而媽媽與妹妹必須向他揮手說再見。他倒空了玩具醫療箱，再放滿了「媽媽和妹妹不能看的」東西，以此來模仿爸爸神秘的手提箱。當然，簡克並沒有真正瞭解爸爸整天出去做什麼。

　　聖誕節過後的某一天，爸爸又去上班了，簡克堅持要求一遍遍地玩這個遊戲。他要求前門開著，在外面待幾分鐘，然後由家人歡迎他回家。在一月份的大冷天裡，這樣做是不容易的。母親想出了各種想像的替代物，例如把會客廳當作室外，但所有這些想法都被簡克堅決拒絕了。事實上，遊戲在這裡完全是簡克處理無法忍受的情境的方式。他試圖透過自己「做爸爸」且讓媽媽及妹妹留在家裡的遊戲方式來克服「爸爸不見了」的感覺。因為他對節日之後失去爸爸一事感到不安，所以他不能接受母親的建議，把會客廳想

像成室外。由於不能正確理解爸爸必須去工作的原因，簡克深為苦惱，透過這個遊戲，簡克試圖消除這種強烈的感覺。

接下來的週末，父親發現簡克變得脾氣暴躁。對父親而言，這是難以忍受的，因為他一直盼望與兒子一起過週末。幸運的是，母親看著簡克整個禮拜都在一遍遍地玩那個遊戲。她告訴丈夫，簡克的確很不安，因為他不知道爸爸為什麼必須去工作，他認為只要爸爸願意他本可以待在家裡與自己一起玩。瞭解了這一切，爸爸輕易地容忍了兒子的壞脾氣。父親的輕鬆態度似乎使簡克相信父親的確是很愛他的。簡克問了許多有關工作的問題，父親盡量回答。

# 想像和現實

喬希(Josy)和她六歲的姐姐潘(Pam)，邀請了莎拉(Sarah)和尼古拉(Nicola)一起來玩遊戲。四個人在一起玩了一段時間之後，兩個稍大的女孩（潘和尼古拉）走到了花園的盡頭。她們告訴年幼的妹妹們不能過去，因為她們還太小。

喬希看起來有些不安，她含著拇指站在一邊且盯著姐姐看了一段時間，然後開始與莎拉玩一個遊戲——為想像中的飯店準備食物。喬希建議說做披薩，然後她們開始商量披薩表層的配料，大多是些傳統的配料，如乳酪和香腸（當然是由一些花與石子來代替了）。她

們做好披薩，然後把它們放進了一個假想中的烤爐裡。

喬希說：「一點也不給她們吃，對不對？」她指著自己的姐姐及尼古拉。「是的」，莎拉嚴肅地說。喬希補充了一句：「因為她們淘氣，是不是？」然後點點頭表示同意自己的話。接著，喬希揀起第一塊披薩朝著大女孩們的方向扔到草地上，莎拉跟著扔了第二塊。她們都笑了起來，但是喬希不久又內疚地轉身，看看媽媽是否透過窗子看到了她們的舉動。

　　可見，當姐姐必須強調喬希的年幼時，喬希試圖發洩自己受傷及氣憤的心情。

　　喬希在「做菜」的遊戲中第一次發現了自己的創造力，然後她想排斥潘，正如潘排斥她一樣（她一個披薩也不給潘），最後，她還朝著潘的方向扔披薩，以此來發洩自己的氣憤及傷心。

　　與喬希相比，潘顯得高大而有力，因此喬希不可能與她正面衝突。但是在遊戲中，喬希找到了最有效發洩這些不滿情緒的機會。然而，因為喬希不能明確區分現實與幻想之間的界限，所以在「做披薩」的遊戲裡，她用葉子及石頭做披薩，且完全把它們當作真正的食物；而當她把披薩扔出去之後又會感到內疚且轉過身看看母親的反應。由此可見，她想傷害潘的願望和自己受傷害的感覺一樣強烈，然而二歲半的她又不可能區分自己的願望與真正傷害潘以後感到的內

疲、擔心之間有什麼不同。

# 幻想和夢

幻想，往往能描述我們對任何事情可能的觀點、想法和情感，然而我們卻又不可知。幻想不僅指白日夢或我們能意識到的觀點及感覺。事實上，大部分的

幻想都是無意識的，大人也許最瞭解這一點，因為我們做夢。

幻想在夜晚以夢和夢魘的形式出現。大約在二歲時，許多孩子第一次意識到自己做夢。這是個很大的進步，因為這表示，孩子對自己不同的心理狀態開始有了分辨的能力；他們能意識到自己是醒著還是睡著的。當孩子第一次驚醒，尤其是從惡夢中驚醒時，他們會覺得惡夢是「真實的」， 大人有時也有這樣的錯覺。孩子能夠說自己「做了個夢」時，我們知道他們已經開始區分「真實」與「想像」了。

丹尼爾二歲時，有一次從惡夢中驚醒，他只會結結巴巴地說：「矮胖子，矮胖子」，他哭泣且很痛苦。他慢慢地回想起夢中的情景，他夢見矮胖子從牆上掉下來並摔得粉碎。

斯蒂芬在吃早飯時突然憶起一個夢，他立即轉身

對媽媽說：「我晚上做了個夢」，然後開始敘述這個夢。說到一半時，他停了下來：「接下來是廣告」，說完又開始敘述另外的一半。母親很有興趣地聽著，斯蒂芬的夢就好像是他喜歡的電視節目，會不斷地被廣告所打斷。

## 失眠

二歲孩子常常會失眠。他們難以入睡，或者晚上會驚醒過來。孩子的失眠通常是暫時的。有時，父母會明顯地感覺到外界某一原因干擾孩子的睡眠，如嬰兒的降臨、開始上幼稚園、生病以及假日在外過夜等等。有時，原因可能不太明顯。然而，如果我們能對近日來發生的所有變化都加以注意，那麼，我們就不

會對孩子的失眠感到吃驚了。一旦離開家庭這個安全的地方來到外面的大世界，二歲孩子必須與其他孩子相適應。他們要習慣父母有一段時間不在身邊的情形，且學會與朋友們相處，或待在幼稚園、托兒所裡。世界是刺激的，然而也是缺少安全感的。如果孩子力不能及或父母期望過高，他們在上床時就會像大人一樣想得太多，比如，也許覺得白天的遊戲不盡興，因而感到神經緊張。同時，小孩也容易妒忌，而就寢時間就意謂著「釋放」，讓爸媽獨處，讓哥哥姐姐休息。想起這些，孩子會覺得生氣、怨恨，也可能覺得傷心。而上床前發脾氣很可能干擾睡眠。

　　崔西對媽媽很生氣，因為媽媽猜想崔西在托兒所裡情況不好。上床前，崔西又大發脾氣且打了媽媽，媽媽盡力克制住自己的怒氣。晚上睡覺時，崔西驚醒過來，很不開心，媽媽進來安慰她。但是當母親走近小

床時，崔西遮住臉喊道：「出去，出去」，母親覺得崔西簡直把自己看成一個大怪物。只有父親才能安慰她，媽媽試圖再靠近她時，崔西看上去仍很害怕。早上，崔西好像恢復了正常，但母親過了一段時間之後才安定下來。

從這個例子中，我們可以發現，崔西幻想的依據是神話故事裡的女巫。崔西好像覺得媽媽會傷害她，這可能是因為自己夢到了一個女巫媽媽。很明顯，這不是因為媽媽的行為——因為她沒有對崔西發脾氣。但是，崔西打了媽媽之後心裡感到非常內疚，這種內疚感對她的影響遠遠超過父母對她的安慰。

像這樣的憂慮可能使孩子害怕睡覺或者需要開著燈睡覺。二歲孩子總會在床底下「發現」怪物、女巫，以及各種東西，且在夜裡聽見奇怪的聲響。因為，白天不能解決的事物、不能消除的情緒一到晚上就以這

些具體的形式再現。這種時候，平靜、耐心的反應會

有效果，如果父母能回憶一下自己孩提時受驚嚇的情

形，這對處理當時的情況會有所幫助的。

　　當然，二歲孩子在睡覺前總會「玩一回小把戲」，

他們無休止的要求再聽一個故事、再喝一點東西，或

者再「小便」一次。這就需要耐心以及良好的定力以

使孩子相信他們的害怕是毫無根據的，同時也不要批

評他們的害怕是愚蠢的。孩子不斷地查看某件東西或

者「糾纏不休」，只是因為他感到有什麼地方不對勁，
要求父母消除他的恐懼。

# 溝通：語言

　　二至三歲的生活特別激動人心，因為孩子的表達
能力、理解能力正戲劇性地增長著。二歲孩子一天比一
天更會說話，而且他們也能瞭解你所說的每一件事情。
父母與孩子開始進行真正的交談，在交談中，孩子會
興奮地表露出他們對世界的看法。父母為丹尼爾朗讀
了幼兒連環漫畫《格利弗遊記》(*Gulliver's Travels*)，
後來，當丹尼爾和父母一起外出時，他看見一家工廠
上空高高的煙囪，他說：「那是格利弗的煙囪！」孩子
剛二歲時，也許只有父母能聽懂他們的話，但是隨著

時間的推移，家庭之外的人，無論是大人或孩子，也都能聽懂他們的話了。溝通能力的發展使世界開始展現在孩子的面前，他們的需求更容易被人瞭解，而他們拜訪朋友、進入托兒所也變得更加方便了。

孩子學習語言的速度是不一樣的。一些二歲孩子能流利地說話，而且很早就會運用句子，而另一些孩子將近三歲時才可能達到這個水準。如果孩子快三歲時，仍然不願意講話、溝通、與人相處，特別是當他們不願與父母相處時，就應該要注意了。

父母可以做許多事情來促進孩子語言的發展，並使溝通變得有趣。比如，父母樂此不疲地向二歲孩子描述各種情況、解釋事物運轉的方式，並讓孩子為白天的事情做好準備。有時，父母養成了用長篇大論來糾正或催促孩子的習慣，這個習慣是不可能鼓勵孩子多說話的。蒂米(Timmy)很晚才開始說話，媽媽和她

有同齡孩子的朋友們都為此擔心。然而，母親好像沒有意識到，自己經常喋喋不休地表達對蒂米的不滿心情。當她告訴蒂米不要做這、不要做那時，聲音裡常帶有一種厭煩的語調。而且蒂米做事情不斷失敗時，媽媽總會以一種厭煩的語氣說：「噢，相信自己，蒂米」。因此，語言對蒂米來說是跟失望及失敗連在一起的。

二歲孩子開始發覺語言的力量，且把它看成是一把開啟宇宙種種神秘事物的鑰匙時，我們將開始聽到「為什麼?」的問題。父母回答了前一個問題之後，後面的各種問題立即接踵而來，令父母精疲力盡。

在下面的例子裡，我們能發現湯姆(Tom)非常想瞭解世界的一個秘密 —— 為什麼大人能做一些二歲孩子不能做的事情。

# 發問與理解

　　湯姆正在傑克家玩，他被角落裡的組合音響迷住
了。那裡裝著電唱機、收音機和卡式錄音機。它對湯
姆似乎很有吸引力，湯姆一步也不想離開。母親好幾

次溫和地叫他回來，但湯姆的拒絕一次比一次堅決。他不斷地問，為什麼自己不能碰它，母親合理的回答無法令他滿意。最後母親只能借助「年紀大的人才能對它負責任」這一解釋，她回答說：「它屬於傑克的爸爸，他不讓別人碰它。」湯姆對此沈思起來。湯姆有一個姐姐黛絲(Daisy)，比他大兩歲，還有一個哥哥馬克(Mark)，比姐姐大兩歲。他問母親：「傑克的爸爸會讓黛絲碰它嗎?」母親說：「噢不，黛絲也不能碰它。」「那麼，馬克能碰它嗎?」「不」，母親告訴他：「馬克也不能碰它。」湯姆又想了想，「當我跟馬克一樣大時，我能碰它嗎?」他的手指再次伸向錄音機，但被母親溫和地移開了。「不」，母親說：「你不能碰，不過當你再長大一些時，你就會擁有一個自己的小錄音機了。」她指的是湯姆的一個朋友臥室裡放著的那種玩具錄音機。湯姆馬上失望了，「我不要玩具錄音機，我要一個有所有

按鈕的。」母親解釋說，他還太小所以不能用那樣的錄音機。湯姆把手伸到頭頂上說：「當我這麼大時，我能擁有一個嗎?」她說：「不，你還不行。」他不想離開話題，一遍遍地問，最後他說：「那麼，當我也做了爸爸時，我能擁有一個嗎?」母親同意說當他也做了爸爸時可以擁有一個。起先，湯姆對此好像很滿意，他離開組合音響，坐在地板上開始玩遊戲。不過，他馬上又扔掉了重新拿起來的玩具，坐在地板上，身體向前微傾，頭低垂在胸口。突然，他轉身對著母親，以一種很生氣且充滿責備的語氣說：「你知道我還只是個小男孩。」

通常，二歲孩子的母親對每一件事情都要負責任。湯姆向母親抱怨說他只是一個小男孩，這似乎意謂著：「你實在不能指望我分清所有大人才能分清的事情。」幸運的是，母親只是笑了笑，對他說：「我知道你是個

小男孩，湯姆。」聽了這句話，湯姆又有心情玩遊戲了。

❦

# 不斷提高的推理能力

　　隨著語言運用能力的提高，孩子的推理能力也在提高。正如伊麗莎白，她能運用語言提問題，與其他人探討觀點，也能進行「思考」（即在頭腦中進行交談）。

　　二歲零十個月的伊麗莎白，是個能幹且喜歡咬文嚼字的小女孩。她正在拜訪朋友傑克和他的小弟弟喬。她開心地與傑克玩著遊戲，同時也在觀察喬。在房間裡待了大約半小時之後，坐在地板上的伊麗莎白看見喬從身邊爬了過去，然後倚著沙發站了起來，伊麗莎白開心地笑了。她轉身對喬的媽媽說：「他上次還不能

這樣做的。」喬的媽媽表示同意，她說喬最近才開始倚著家具自己學走路。伊麗莎白沈思地點點頭，然後又回過頭觀察喬。看著他在地板上爬來爬去，伊麗莎白說：「我以前也會這樣做的。」接著，她皺起了眉頭顯得有點迷惑，她說：「不，不是那樣，我……」。她又皺起了眉頭。沈默了一段時間，伊麗莎白顯然非常想弄清楚某些事情。不久，她又高興地說：「當我比喬大時，我也會爬的。」然而，她又皺眉且搖了搖頭。不，

這也不對。她皺著眉、仰著頭，專心且熱切地看著媽媽的臉說：「當我還是個嬰兒時我會爬行，而現在卻不會了。」她輕鬆地笑了。然而，幾秒鐘後，她又感到不太正確，她皺起眉且搖了搖頭，然後走到一邊去玩遊戲了。她不久又決定與傑克一起玩「嬰兒」的遊戲，她做的第一件事就是，用手和膝蓋撐著，飛快地在地上爬行。這好像令她很吃驚。她再次屁股著地坐在地上，「咯咯地」大笑著說：「我現在也能爬了。」

伊麗莎白很想瞭解自己的生活發生了多大的變化。在她看來，屋子裡有一個五個月大的妹妹和一個稍大點的嬰兒，會使家庭顯得更加生氣蓬勃。當伊麗莎白在地板上爬行時，她不時坐下來看看妹妹，再看看喬。很清楚，她在注意、觀察妹妹所做的事情與十個月的嬰兒所做的事情。伊麗莎白已走過了兩年零十個月的漫長路途，然而，她並不能夠完全理解這期間

的一切事情。不過，她還是決心去瞭解自己年幼而充
實的生活中所發生的變化。

# 溝通的動力

　　艾瑪(Emma)二歲時就喜歡說話，而且父母也對她
談過許多事情，因為他們希望她對新的情況有所準備。
此時，艾瑪居住在國外的奶奶要來拜訪他們。同一天，
外婆「奶媽」也要來拜訪他們，她已是他們家的常客了。

　　為了讓女兒對那一天有所準備，艾瑪的母親告訴
艾瑪說，奶奶早上來看望他們，而外婆下午來(註1)。

　　　　註1：在英語中，「爺爺」和「外公」用的
　　　　是同一個字(grandfather)，「奶奶」和「外
　　　　婆」用的也是同一個字(grandmother)

同樣都是祖母，卻用不同的名字來稱呼（這些名字用
來描述她們與艾瑪父母的關係）。 艾瑪覺得很迷惑。
「那麼，哪一個是我的奶奶呢？」她問。「她們都是你
的奶奶，」媽媽告訴她。艾瑪很高興「那麼我有兩個奶
奶？」她向媽媽求證。

　　媽媽繼續解釋說，奶奶探望了他們之後還要回家
見「祖父」。這裡，大人靈活使用的稱呼讓二歲孩子覺
得難以接受。艾瑪想要讓事情直截了當，「不，是爺爺」
她強調說：「外公死了」（這的確是最近才發生的事）。
「外婆和外公生活在一起，而奶奶和爺爺生活在一
起。」她的精確令人欽佩，而且她也抓住了彼此之間的
關係。但是，如果外婆也叫奶奶、外公也叫爺爺的話，
艾瑪就覺得有點糊塗了。這裡，我們發現這個小女孩
已習慣於人們費力地與她溝通，現在正努力使這種交
流變得更正確。

# 理解的努力

　　艾瑪與母親靜靜的坐在村子的教堂裡，因為外公去世了。「外公去哪裡了?」艾瑪問母親。母親難以向一個二歲孩子解釋自己對死亡的理解。「他永遠在我們

周圍，」母親解釋說。「那麼，外公在那裡嗎?」她指著一個大的大理石聖水盆，輕輕地問。艾瑪的這句話表示，她不能理解這個抽象的觀念。

母親解釋說外公「在周圍」時，艾瑪還不能理解母親的意思，而只能通過自己有限的經驗來理解它。儘管如此，這樣的解釋並非毫無用處。及時接觸抽象概念有助於艾瑪提高理解能力，因為父母會盡可能地解釋、討論艾瑪不斷遭遇到的新經驗，且鼓勵艾瑪再次去理解那些仍未弄懂的事情。

# 朋友

二歲孩子喜歡與其他孩子會面。最初，他們往往被大人領著（大多數情況下是由媽媽領著）去拜訪另

一個家庭。拜訪朋友對父母及孩子而言都是非常重要的，因為撫養二歲孩子是一件困難的工作，大人也需要得到別人的陪伴及支持。與朋友相處有時是一種樂趣，但是太頻繁的相處也會變成一種痛苦。父母與孩子都需要與別人相處以增加生活的新鮮感，尤其當愈來愈多的家庭更不易與親戚相處時，拜訪朋友就顯得更加重要了。

大多數父母都很樂意應邀相聚。但是有些父母，特別是不去上班而待在家裡陪伴孩子的母親，他們與外界的聯繫減少了，因此要找到那些情況與自己相似的父母可能需要特別的努力。承擔部分撫養工作或全部撫養工作的父親更會覺得撫養孩子的艱難，因而需要更多的鼓勵。

與大人一起拜訪那些有孩子的家庭，對二歲孩子而言是重要的社交經歷之一。此時，孩子有機會去瞭

解別人是怎樣生活的。即使你所拜訪的家庭有著與自己相同的階層、種族或宗教背景，他們所做的每件事也不可能跟你們完全相同。因為，他們可能有著完全不同的生活細節。

這些差別使我們的生活變得豐富而有趣，但是也可能使我們產生緊張。父母之間可能互相幫助，也可能互相對立、妒忌、競爭。我們都希望有最優秀、最有天賦、最進步的孩子。但是也有可能事與願違，我們的孩子錯誤最多、最難以取悅、睡的最少且吃飯最挑剔。在此種情況下，便有對孩子期望過高的危機。

雖然自己的孩子講話不如其他孩子那麼多，但是當孩子四歲時，父母往往會忘記其他孩子比自己的孩子早幾週學會說完整的句子，或者自己的孩子很早就學會說完整的句子了。孩子的進步總會令父母覺得高興，但是，如果父母之間作不適當的比較，就有可能

對自己的孩子產生不滿。

# 與朋友玩遊戲

　　對二歲孩子而言，與朋友一起玩向來不是一帆風
順的。如果父母的希望比較實際，那麼它對大多數父
母及孩子而言都是有趣的。

傑克與母親珍(Jane)，一天有客人來拜訪。他們的朋友安吉亞(Angie)、她的比傑克大兩個月的小男孩約翰(John)，以及另一個朋友的二歲零一個月大的小男孩馬修來拜訪他們。傑克的小弟弟才十個月，在早晨的小睡之後也很快加入孩子們之間。因此，我們一共有三個二歲左右的孩子：馬修剛過二歲，而傑克和朋友約翰都快三歲了，他們之間的年齡差別很快就變得明顯起來。

午飯後，傑克和約翰挑出兩輛綁在一起的玩具卡車，依次繞著房子互相拉著玩。他們友好地說著話，並依次下命令。馬修站在房子中間，看著他們。馬修觀察他們時，他的表情不斷地變化：有時馬修也像他們一樣激動，他們笑時他也笑。其他時間，馬修顯得有點不安，因為他也想一起玩遊戲。馬修沒有表示要加入，而傑克和約翰也沒有邀請他參加。當傑克停下一

直拉著的卡車時，馬修走過去仔細地看它。

　　大約半小時後，傑克和約翰一起友好玩耍的情形被破壞了。他們各自玩不同的玩具玩了一段時間，當約翰開始玩一個實際上屬於傑克弟弟喬的玩具時，傑克突然發出一聲痛苦的喊叫且從約翰手中搶過了玩具喊道：「不是那裡，你把它放錯地方了。」約翰迷惑不解，從他手中拿回了玩具，把它放回到塑膠房子裡，他本來就是在那裡拿到的。傑克一下跳了過去，開始哭了起來，他說：「它不能放那裡，那地方不對，那地方不對。」他試圖從約翰那裡搶回玩具，但約翰死命地拉著它不放。

　　這時，兩位母親決定干預了。傑克的母親心平氣和地詢問出了什麼事情，傑克只是不斷地重複說：「它放錯地方了，那地方不對。」母親向他解釋說塑膠房子的任何空格裡都可以放塑膠人，而它要放的位置正是

她在整理時所放的。傑克堅持要求它必須放在某一個位置。此時，約翰正試圖從傑克手裡奪回玩具。約翰的母親溫和地對約翰說傑克有點不高興了，並建議說他們最好先聽傑克講講有關這個塑膠房子的事情。約翰說他願意把玩具放哪兒就放哪兒。傑克的母親也提醒傑克說玩具實際上也不是他的，是他弟弟喬的，無論如何他們必須一起玩。傑克強調說：「我不要跟別人一起玩。」母親決定帶他到房間外面去，讓他平靜下來。他們離開了，現在約翰又拿到了玩具，他看了看玩具又看了看塑膠房子，然後把玩具扔在地板上。很明顯，塑膠房子引起的不快已擴及了玩具和房子本身，因此約翰不想再玩這些玩具了。

這個例子也許說明了一點：需要機智、友善地對待別人的不只是孩子，媽媽也需要。重要的是，孩子拒絕「以一種友好的方法」一起玩遊戲時，我們不要

低估此情況對母親造成的壓力。母親很容易對自己的孩子感到困窘而去諒解別人觀點，或者要認同自己的孩子而不去理會別的孩子的衝擊。發生上述事情，只要父母能夠平靜而明智地尋找原因，他們就可以幫助孩子逐漸學會以一種更寬容、更合理的方式相處。

# 道別

　　要回家時，約翰已經很疲倦了。不久之前他已有了幾次小哭鬧，他沒有被說服而只願被緊緊地擁抱著。很明顯二歲孩子的成熟會很快喪失，他們重新變成了小嬰兒，而且此時只有母親才能安慰他們，因此母親必須非常平靜且通情達理。

　　約翰不願意走，也不願意待在這裡。他不想穿外

衣，也不願說再見。母親要求他做的任何事情都只得
到怒氣沖沖的反抗和嚎叫。他很不情願地穿上大衣。幸
運的是，約翰的母親似乎非常體諒他的疲倦，她沒有
太生氣，也沒有因約翰的行為而苦惱。更重要的是：母
親的朋友在一旁同情地看著，沒有批評的意思，因此，
母親不覺得有外界的壓力。她慢慢說服約翰，穿上了
大衣。約翰離開時仍在哭泣，他紅著臉，拒絕說再見。
馬修和他們一起離開時，顯得很沈默，但仍然揮手告
別。有趣的是，這次傑克好像沒有怎麼生氣，他走到

窗前友好地喊道：「再見，約翰，再見，回頭見。」

　　在一起快樂玩遊戲的孩子常常最後會鬧翻，很難做到好聚好散。在這種時候，大人應該行為得體——比如感謝主人的好客等等。一些父母也堅持要求二歲孩子這樣做，不過更有效的方法也許是「鼓勵」他們這樣做，正如上例，我們看到二歲孩子的行為也能如我們所願。

　　傑克與朋友一起玩遊戲時，兩位母親表現出的通情達理令人欽佩。通情達理不僅對自我保護有好處，而且也是孩子必須培養的素質。

　　孩子對周遭的事情很敏感，即使當他們無法「理解」這些事情時也是如此。有時，二歲孩子並不瞭解自己做錯了什麼——直到因為「淘氣」而使每個人覺得煩惱。

# 托兒所和幼稚園

　　二歲孩子對上幼稚園或參加托兒所一事有著不同的心理準備。

　　那些有哥哥姐姐的孩子對此已有所瞭解，所以他

們往往樂意早日進入自己的世界。哥哥姐姐早上離家去學校，放學後又相聚在一起，這使孩子隱約覺得托兒所與幼稚園是個神秘且誘人的世界。一家人圍坐在茶几或飯桌旁談論哥哥姐姐在幼稚園裡所做的事情時，二歲孩子開始在心中建立起幼稚園的真實畫面。而當二歲孩子需要與哥哥姐姐相處時，也意謂著二歲孩子已適應了家庭之中的喧鬧生活。

二歲孩子如果是老大，他就沒有這種經驗了。老大的生活經驗往往與弟弟妹妹不同，父母也不會把他一個人留在幼稚園或托兒所裡。永遠不要低估第一次與母親分別對孩子造成的影響。因為這是很重要的一天，它標示著二歲孩子從這一天開始將要與其他人一起生活。從此，孩子不再只是媽媽和爸爸的嬰兒，他們也有離家在外的經驗了。這意謂著父母必須信任那些與自己孩子相處的人。

托兒所裡通常有一位級任老師及一位值日家長。托兒所裡有很好的氣氛，父母可以與孩子待在一起，或離開一段時間之後再回來。剛開始時，孩子只願意待一小時，然後他們願意待更長的時間，直到最後，孩子自己提出要去托兒所。

一些幼稚園也是建立在相似的基礎上的：父母可以與孩子一起去拜訪，讓他們慢慢習慣那裡的環境。剛開始時，一星期去兩個上午或兩個下午，然後逐漸延長時間。其他一些幼稚園則要求一星期去五個上午或下午，並要求孩子從第一天起就單獨留在那裡。如果是這種情況，父母就應該仔細考慮孩子是否願意，因為第一次與一群孩子相處的經驗會影響孩子將來對學校的態度。如果第一次的經驗是很有趣的，而且大人敏感且充滿愛心，那麼孩子會積極地期望將來能有類似的經驗。如果一開始有不好的經歷，會使孩子討厭

學校的。所以與其他孩子交往是件重要的事情，不過這種交往可以採取各種方式，最重要的是能讓孩子喜歡。

# 與孩子分別

上幼稚園或參加托兒所，對母親與孩子而言都是

第一次重大的分別。一般由母親來完成第一次送孩子到幼稚園或托兒所的任務。這可能喚起母親本人曾有過的離別情緒，即使這些情緒已被完全克服。事實上，這次分別畢竟是一次感情的經歷。許多母親承認，她們第一次願意把孩子留在幼稚園裡時，她們自己也哭了。這樣做需要充分的信任。首先，母親必須信任幼稚園裡的大人，不管他們是否善良、是否善解人意，母親必須信任他們，願意讓孩子留下來與他們相處。同時，母親也要信任自己的孩子，相信他們有能力以迄今父母所賦予的一切來完成這新的一步。當然，父母也必須信任自己。父母是否已經作了正確決定、選擇了正確的幼稚園及正確的開始時間呢？大多數母親不僅感覺到孩子的孤獨，同時也感覺到自己的孤獨，這些都帶給她們巨大的感情衝擊。

傑克二歲零九個月時就上幼稚園，母親對此很擔

心。傑克是家裡的老大，因此他不曾見到哥哥姐姐離家去幼稚園的情景。當所有小朋友幾乎都開始上幼稚園時，母親開始擔心傑克是否會落於人後且漏掉一些重要的東西。

　　第一天早上，傑克已作了萬全的準備，而且看來很急切，因為他與母親已去過一次。傑克聽從媽媽的建議，選了自己喜歡的一個玩具，並要求帶著媽媽的圍巾以及屬於弟弟的玩具。他拒絕把它們裝進母親給他的一個漂亮的袋子裡，卻堅持把這些「寶貝」裝進一個很破的背包裡。

　　傑克知道他的朋友也會在那裡，因此開始時一切都很平順，但到了母親該離開時，傑克開始低聲哭起來。在老師的鼓勵下，放心不下的媽媽勉強留下了哭泣的傑克。她走到幼稚園外面時，自己也忍不住哭了起來，因為母親覺得痛苦而內疚，彷彿是自己拋棄了

傑克。傑克待在幼稚園的幾小時對她來說好像是一段漫長的時間。當她接傑克回家時，傑克快樂自若——手裡揮舞著一支畫筆。老師肯定地說傑克很好。在回家的路上，傑克顯得很疲倦並且不願意再提起上午的事。下午，傑克脾氣暴躁。傑克的媽媽認為，雖然他在幼稚園裡過得不錯，但離開媽媽對孩子來說畢竟是件難以忍受的事情。當我們成年之後，我們所能回憶起來的事情正是諸如此類的新經驗（即使有趣或好笑，在當時仍然是不易忍受的）。 無庸置疑，傑克也不例外。他無意識地因為母親離開自己而生氣，下午的偏激行為就證明了這一點。

每週有兩個上午，傑克要去幼稚園，不久，他開始問母親：「今天是不是也要去幼稚園」。第三個星期，傑克特別盼望著上幼稚園。他很快地穿好衣服，跑在母親和坐在推車裡的小弟弟前面，而且激動地告訴母

親，他要在幼稚園裡與伊麗莎白見面。傑克太熱切了，因此到得很早。傑克喊著伊麗莎白的名字跑了進去，然而他發現伊麗莎白並沒有來（事實上只來了幾個孩子）。傑克崩潰了，他的信心瓦解，終於嚎啕大哭起來。這次，傑克的確哭了。母親所有關於「伊麗莎白馬上就會來」的保證絲毫不起作用。傑克想做個幼稚園裡的大男孩的信心尚未牢固地建立起來，像今天這樣的失望就能使他喪失信心。媽媽把脆弱的傑克抱在懷裡，在傑克平靜之前，母親必須與他一起待半小時左右，因為傑克需要母親的擁抱。幸運的是，傑克的母親給了他足夠的時間，而老師在傑克恢復過來之前也沒有過分地要求他「做個大男孩」。像這種情況是很平常的，父母與老師應該敏感地對待，要逐漸培養孩子真正的獨立性，而不要養成粗魯的作風。

　　幾個星期以後，傑克愈來愈頻繁地要求去幼稚園，

因此每星期又增加了一個上午。傑克對外面世界的第一次嘗試進展得很好，所以父母也放心了。使這一點成真的原因或許是由於傑克父母的決定——他們認為，如果傑克不願去幼稚園，那麼他們會讓他在家裡再待六個月，然後再嘗試。

傑克終於成功地完成對家庭以外的世界的初次嘗試。

# 參考資料

☐ *The Making and Breaking of Affectional Bonds*, John

Bowlby, Tavistock Publications 1979

☐ *Child's Talk*, J. S. Bruner, Norton, 1983

☐ *Early Language 'Da-Da'*, The Developing Child,

Peter and Gill de Villiers, Fontana, 1979

☐ *The Child, the Family and the Outside World*, D. W.

Winnicott, Penguin Books, 1964

# 協詢機構

□中華兒童福利基金會臺北家扶中心

(02)351–6948

臺北市新生南路一段160巷17號

□臺北市私立天主教附設快樂兒童中心

(02)305–8465, 307–1201

臺北市萬大路387巷15號

□臺灣世界展望會

(02)585–6300 轉 230~231

臺北市中山北路三段 30號 5F

□財團法人中華民國兒童福利聯盟文教基金會

(02)748-6006

臺北市民生東路五段 163-1號 3F

□財團法人臺北市友緣社會福利事業基金會

(02)769-3319

臺北市南京東路 59巷 30弄 18號

□財團法人臺北市覺心兒童福利基金會

(02)551-6223, 753-5609

臺北市中山北路二段 59巷 44弄 3號 1F

□財團法人臺北市聖道兒童基金會

(02)871-4445

臺北市天母東路 6-3號

□臺大醫院精神科兒童心理衛生中心

(02)312-3456 轉 2390

臺北市常德街1號

□中華民國兒童保健協會

(02)772-2535

臺北市忠孝東路四段 220 號 8F

□中華民國兒童保護協會

(02)775-2255

臺北市延吉街 177號 8F

□中國大陸災胞救濟總會臺北兒童福利中心

(02)761-0025, 768-3736

臺北市虎林街 120巷 270號

□財團法人中國兒童福利社（附設諮詢中心）

(02)314-7300~1

臺北市中正區武昌街一段16巷 5 號